JOAQUÍN ARRARÁS

FRANCO

OMNIA VERITAS

Joaquín Arrarás Iribarren
(1898-1975)

FRANCO - 1937

Publicado por
Omnia Veritas Ltd

www.omnia-veritas.com

FRANCISCO FRANCO	7
EL FERROL: PRIMEROS AÑOS DE FRANCO	9
FRANCO EN MELILLA	18
LA LLAMADA DE ÁFRICA	23
FRANCO EN LA LEGIÓN	34
MELILLA, 1921	44
BLOCAOS Y CONVOYES	51
LA RECONQUISTA DE MELILLA	57
EL CAMINO DE ANNUAL	65
FRANCO, JEFE DE LA LEGIÓN	75
PRIMO DE RIVERA Y MARRUECOS	85
LA RETIRADA DE XAUEN	95
EL DESEMBARCO DE ALHUCEMAS	105
INVICTO E ILESO	118
LA ACADEMIA GENERAL MILITAR	128
LA REPÚBLICA	142
LA REVOLUCIÓN DE OCTUBRE	154
FRANCO, JEFE DEL ESTADO MAYOR CENTRAL	169
1936 - BAJO EL TERROR	178
FRANCO, FRENTE A LA REVOLUCIÓN	195
LA EXPLOSIÓN DE ESPAÑA	208
DE TENERIFE A TETUÁN	220
LA BATALLA DEL ESTRECHO	236
FRANCO EN CÁCERES	248
EL CAUDILLO	259
LA SONRISA DE FRANCO	274
OTROS LIBROS PUBLICADO POR OMNIA VERITAS	277

Francisco Franco

Caudillo de la nueva Reconquista,
    Señor de España, que en su fe renace,
    sabe vencer y sonreír, y hace
campo de paz la tierra que conquista.

Sabe vencer y sonreír,
Su ingenio militar campa en la guerrera
gloria seguro y firme.
Y para hacer Historia
Dios quiso darle mucho más: el genio.

Inspira le y amor. Doquiera llega
el prestigio triunfal que lo acompaña, mientras la
Patria ante su impulso crece,
para un mañana, que el ayer no niega,
para una España más y más España,
¡la sonrisa de Franco resplandece!

MANUEL MACHADO

EL FERROL: PRIMEROS AÑOS DE FRANCO

"" El puerto de El Ferrol fué conocido desde la antigüedad por uno de los mejores del mundo, celebrándolo con la denominación de Puerto del Sol" [1]

Guillermo Pitt, que fué Primer ministro inglés, resumió la impresión que le produjo la visita a El Ferrol con este elogio: "Si Inglaterra tuviese un puerto así, lo cubriría con una coraza de plata."

En su bahía caben las escuadras del mundo. La guardan y defienden unas montañas con la seguridad y tesón con que la concha protege a la perla. Las aguas inmóviles, con dulzura de lago, se adentran y prolongan quince kilómetros, y hasta ellas descienden, para contemplarse, las factorías navales y los pueblecitos y las alquerías que blanquean entre el verdor perenne y maravilloso de sus orillas. Aguas tensas, apacibles, sedeñas, como las de todas las rías gallegas: aguas que bajaron ateridas del Báltico o que subieron turbulentas e hirvientes desde el Ecuador y que se embalsan en estos refugios, entre montes e islas, para convalecer y dormir sueños de estrellas.

Hasta el siglo XVIII no se hace el descubrimiento oficial de la importancia de El Ferrol. La villa de pescadores y salazoneros es ascendida al rango de Departamento Naval. Esto ocurre en 1726. En los contornos de su bahía florecen

---

[1] Historia y descripción de la ciudad y Departamento Naval de El Ferrol, por D. José MONTERO Y AROSTEGUI, 1858.

los brotes de una primavera industrial: varaderos, gradas, astilleros, fuertes, dársenas... Y, uno tras otro, en desfile sin fin, rompen el cristal de las aguas, navíos, fragatas, bergantines, barcos para tumbar a la quilla, paquebotes que parten para hacer las rutas de la guerra y de la aventura. En 1752, El Ferrol posee los primeros astilleros del mundo, en los que trabajan quince mil obreros. Se construyen a la vez doce barcos, que el pueblo denomina *El Apostolado*. Contratados por Jorge Juan, el célebre marino, llegan unos técnicos ingleses con una retribución que se conceptúa fabulosa: una guinea diaria. De los setenta y nueve navios que en 1793 posee España, treinta y siete están anclados en El Ferrol.

La ciudad crece pegada a su bahía, que es su vida y su gloria. ¿Quién se acuerda ya de aquella villa de pescadores? Los pescadores son ahora marinos que pelean en todos los mares y procuran sostener los restos de nuestro imperio, que ya cruje y se desmorona. Salen más y más buques, pero muchos no regresan. Luchamos contra las escuadras de medio mundo. Los persiguen los barcos piratas, que codician los cargamentos de oro americano: los maltratan los temporales. El Ferrol sigue sirviendo los barcos que exigen los tifones del lejano Oriente y de los mares de las Antillas, las fragatas del Drake, los cañones de Nelson. Rara es la casa de El Ferrol que no tiene su duelo. A cada catástrofe marítima corresponde en El Ferrol una promoción de lutos. Pero la tradición se impone con mandato de ley. A los marinos que no vuelven los sustituyen sus hijos o sus hermanos.

Maltratado por los rigores del mar y de la guerra, El Ferrol se ofrece como un ejemplo de perseverancia en su destino. El mar le trajo bienes y gloria, y del mar le viene la desgracia y la ruina. Por su situación excepcional, El Ferrol es codiciado con el ansia con que se persigue un tesoro. Desde siglos, es la máxima tentación para las ambiciones de Inglaterra. Ya una vez el conde de Essex y el almirante Howard salieron con la consigna de apoderarse del puerto español; pero a la entrada misma, desistieron del propósito, porque El Ferrol era inexpugnable. Inglaterra no desiste del empeño. Lo bloquea, lo vigila, lo acecha, y, en 1800, Putney parte con quince mil soldados a la conquista de El Ferrol. El desembarco acaba de una manera trágica. Los ferrolanos, y mejor la Providencia, que vela por ellos, se encargan de que el intento termine en descalabro.

En la primera mitad del siglo XIX se desvanece el poderío y hasta la esperanza para El Ferrol. Nuestros pobres barcos son unos fantasmas que van huidizos por los mares, arrastrando una estela que más parece sudario. La sucesión de guerras, motines y conspiraciones ha desbaratado de tal manera el Tesoro, que el Estado se ve en la imposibilidad de abonar "las pagas". Y sin "pagas", El Ferrol es una ciudad condenada a morir de hambre.

Hacia 1847, siendo ministro de Marina el marqués de Molíns, El Ferrol renace de sus cenizas, y se cierra el ciclo de sus calamidades. Son reparadas sus gradas, se construyen nuevos varaderos, faros y diques, y se alzan los edificios del Arsenal. Se crea la primera factoría de máquinas de vapor de la Armada española y, como complemento, nuevos astilleros. En El Ferrol se repiten las fiestas de los lanzamientos, que ya sólo perduraban en la memoria de los más viejos. En 1853 es botado al agua el *Rey Francisco de Asís*. Hacía cincuenta años que no se daba el acontecimiento. La ciudad siente la influencia bienhechora de sus astilleros en tensión, y es feliz.

Sigue dando sus hijos a la Armada, y en sus hogares no falta el estímulo para que ninguna vocación inspirada por el mar se malogre.

Por esta época vivía en El Ferrol don Francisco Franco Vietti, hijo de marinos, nieto y biznieto de marinos y con hijos en los que apuntaba la misma inclinación por la carrera "que tenían a la puerta de casa". Marino era también su consuego don Ladislao Baamonde[2] y Ortega, Intendente general de la Armada, como lo fueron sus abuelos.

Era don Francisco un hombre de mediana estatura, de frente muy despejada, y con un entrecejo que daba severidad y energía a su mirada. La barba cerrada y canosa y el bigote fosco acentuaban su aspecto marcial, muy de la época. Metódico, austero y piadoso, era a los cincuenta años Intendente general de la Armada y autor de algunos libros de texto. Hacía una vida inalterable. Los sábados, al quebrar la tarde, iba a San Julián, donde se preparaba para la comunión dominical, que por nada dejaba. Al anochecer se recogía en el hogar, donde congregaba a los suyos y a los visitantes que hubiera, para rezar el Rosario.

El señor Franco Vietti hacía el número uno de los hijos de don Nicolás Franco y Sánchez, comisario de Guerra del Cuerpo Administrativo de la Armada, que matrimonió tres veces y tuvo quince hijos.

A poco de cumplir los veinte años, don Francisco Franco Vietti casó con doña Hermenegilda Salgado Araujo y Pérez, de familia ferrolana, que aventajaba en diez años a su

---

[2] El apellido Baamonde procede del pueblo del mismo nombre, en la provincia de Lugo.

marido: era pequeña, muy dispuesta para el hogar y de ánimo tan entero como se necesitaba entonces, teniendo en cuenta las vicisitudes de la época.

De este matrimonio nacieron siete hijos: el primogénito, Nicolás, siguió la trayectoria de sus antepasados. Se dedicó a la Marina, y como contador de navío hizo dos viajes a Filipinas. En 1890 casó con una señorita de familia muy arraigada en El Ferrol, llamada Pilar Baamonde y Pardo, hija de don Ladislao, Intendente de la Armada.

Pilar Baamonde tenía esa hermosura suave y transparente que es gala y casi patrimonio de las bellezas gallegas. Un rostro ovalado y perfecto, y unos ojos pensativos y melancólicos. Ya de mayor, doña Pilar vestía siempre en señora a la antigua, en lo que tiene de respetuosa y noble esta apreciación, ya que este concepto de la dignidad y de la modestia en el vestir no le impedía una elegancia admirable en su porte. Dueña siempre de sí misma, y fortificados con una intensa vida espiritual los resortes morales, asistía a las conmociones que le deparaba la vida, con una serenidad y entereza que serían estoicas si no quedaran más exactamente definidas con decir que eran cristianas.

Fruto de este matrimonio fueron cinco hijos: Nicolás, el mayor, Paquito, Pilar, Ramón y Pazita. Los varones, atentos al llamamiento de la milicia, se dispersaron muy jóvenes, casi niños, hacia las Academias Militares. Pazita murió a los cinco años.

Alejados de El Ferrol, llega hasta aquella casita de muros blancos y persianas verdes de la calle de María el oleaje de gloria que promueven las proezas de sus hijos. Francisco, el comandante más joven del Ejército, jefe de la Legión, general a los treinta años... Ramón, el héroe del "Plus Ultra", que traza con su vuelo arcos triunfales sobre el Océano y sobre la América española...

La madre sonríe gozosa y se oculta a la curiosidad de las gentes. En vano se la busca para tributar en su persona los homenajes que el pueblo quiere rendir a sus hijos ausentes. No se la ve en la calle ni en las recepciones. Pero ninguna noche falta a las clases que da en la Escuela Nocturna Obrera, sin que haya acontecimiento que le haga quebrantar esta obligación de apostolado que se ha impuesto.

Cuando Ramón, lanzado a la noche oceánica, inquieta al mundo, la madre del aviador aparece tranquila. Y cuando, en otro viaje, Ramón se pierde en el mar, y pasan los días sin que se le descubra, la dama se muestra serena y resignada, y los que van a consolarla salen defraudados, porque la madre de los héroes tiene el temple sublime que precisamente de ella heredaron.

Ni desmaya en las jornadas de tribulación y de angustia, ni se envanece en las horas triunfales. La llegada de Ramón a Pernambuco es solemnizada en El Ferrol con un *Te Deum*, al que no falta doña Pilar Baamonde. El público la espera a la salida para aclamarla, pero se retarda tanto, que no aparece. Inquieren los curiosos y se informan de que aquélla ha salido por otra puerta.

No significaba esto desprecio absoluto por la gloria humana, sino una singular predisposición del espíritu que huye de todo aquello que pueda parecer exhibición vanidosa.

—Los laureles—solía decir—, para mis hijos que los han ganado.

Ella se complacía en dar las gracias al cielo, en largas horas de oración que pasaba en la soledad de los templos de El Ferrol.

El 28 de febrero de 1934, hallándose de paso en Madrid, falleció doña Pilar Baamonde Pardo. Tenía sesenta y ocho años. La muerte la sorprendió cuando se disponía a emprender la peregrinación a Roma.

* * *

En el registro de la parroquia castrense de San Francisco, de El Ferrol, consta que el día 17 de diciembre de 1892 fué bautizado el niño Francisco Franco Baamonde, "que nació a las doce y media de la noche del 3 al 4 de aquel mes y al que le impusieron los nombres de Francisco, Paulino, Hermenegildo, Teódulo, hijo del contador de navio don Nicolás Franco y doña Pilar Baamonde".

Había en El Ferrol un colegio llamado "El Sagrado Corazón", fundado por don Marcos Vázquez, sacerdote ejemplar, y a cuya muerte le sucedió en la dirección don Manuel Cornelias, celoso y bueno, lleno de paternal solicitud para los niños. En dicho colegio cursó Francisco Franco las primeras letras, y siguiendo una trayectoria que ya era tradicional en El Ferrol, de allí pasó al Colegio de Marina, dirigido por el capitán de corbeta don Saturnino Suances, donde preparó las asignaturas de Bachillerato y otras enseñanzas que se exigían para el ingreso en la Academia de Marina.

Mas por entonces el Tesoro español atravesaba una situación de apuro, y se apelaba a la cirugía para sacarlo adelante. Una de las economías consistió en la poda de personal en el Ejército y en la Armada y en la suspensión hasta nueva orden de exámenes de ingreso en la Academia de Marina. Francisco Franco fué uno de los perjudicados por la medida, mas resolvió su situación trasladando sus exámenes a la Academia de Infantería de Toledo, en la que ingresó el 29 de agosto de 1907 y de la que salió el 13 de julio de 1910 con el grado de segundo teniente.

Franco era fino y delgado, con unos ojos grandes, brillantes y curiosos. Decidido y siempre bien dispuesto para cumplir los deberes, por penosos que fueran, que imponía la disciplina de la Academia. Pero, a la vez, inquieto, con un alma saltarina y alegre que le impulsaba a asociarse a las bromas y aventuras que son el perfume de los años floridos de cadete.

Como segundo teniente prestó los servicios iniciales de su carrera militar en el regimiento de Zamora, número 8, que guarnecía El Ferrol.

La juventud de Franco se rebela contra la inmovilidad que supone la vida en la guarnición ferrolana. Parece que en su íntimo suena aquel verso de Shelley que Lyautey lo aceptó como lema:

The soul's joy lies in doing.

"La alegría del alma está en la acción." De Marruecos sube un estruendo bélico, que pasa como un trueno sobre España. Franco lo escucha con atención. Para un oficial de sus años, esta curiosidad por las cosas de África, en aquel tiempo, era insólita y extraña.

FRANCO EN MELILLA

El año 1911 se iniciaba bajo el signo de Marruecos. Los ecos de los recientes debates parlamentarios sobre la campaña de 1909—combate de Sidi Musa, barranco del Lobo—resonaban aún, y, como resultado de la discusión, los españoles se habían dividido en dos bandos: mientras el uno pedía la retirada de Marruecos, el otro exigía la conquista total del Riff.

Mas de pronto se anuncia un suceso trascendental: el viaje del rey a Melilla para visitar el territorio conquistado. El día 5 de enero sale don Alfonso acompañado del jefe del Gobierno, señor Canalejas, del Director de Obras Públicas y de un lucido séquito. Se le tributa una gran acogida en Melilla. El monarca recorre las posiciones, y el viaje inspira una prosa encendida en elogios y florecida de las más bellas esperanzas. Hay quien exhuma el testamento de Isabel la Católica. Se repite que nuestro porvenir está en África, y algún periódico reclama para el rey el título de Africano. El propio Canalejas, al reflejar las impresiones del viaje, dice: "Se nos abre ahora una nueva era para nuestro engrandecimiento, para continuar la historia de España."

Con aquella versatilidad que es característica del pueblo español, olvidadizo y optimista por naturaleza, empieza a echar las cuentas de la lechera. Promete a las tierras estériles y sedientas recién conquistadas lo que les niega a los fértiles campos peninsulares. Habla de construir puertos en la costa africana, de explotar minas, de alumbrar riquezas que la mayoría de las veces sólo están en la fantasía de los soñadores. Recuérdese lo que dominaba España en aquella fecha y las condiciones precarias en que se ejercía el dominio. En fin, el fondo negro de 1909 se esfuma en el lejano horizonte.

Mediaba este mismo año de 1911, cuando de los barcos de nuestra escuadra que se hallaba frente a la costa de Larache, desembarcaron algunas compañías que ocuparon este poblado y el de Alcazarquivir, con el fin de proteger a los nacionales que en ellos residían. Los enemigos de lo que llaman "la aventura de Marruecos" se agitan indignados, y de modo especial el ex ministro liberal don Miguel Villanueva, que se distingue por su tenaz oposición. No es sólo en España donde tales desembarcos motivan polémicas y producen desasosiego, sino también en el extranjero. La cuestión de Marruecos es el tema candente que preocupa a las cancillerías. Francia, que había desembarcado en Casablanca, subía sus tropas hacia Fez.

Inglaterra alegaba sus derechos a Tánger. Y el primero de julio fondeaba ante Agadir un cañonero alemán, el *Panther*, que desembarcaba fuerzas para proteger a los subditos alemanes, conforme a la fórmula establecida para justificar la ocupación de territorios africanos.

Empeñados en esta batalla diplomática estábamos, cuando el día 24 de agosto un comunicado oficial daba cuenta de que en las cercanías del río Kert había sido agredida la comisión topográfica de Estado Mayor, a cargo del comandante Molina Cádiz, y escoltada por dos compañías, que tuvieron que replegarse con cinco bajas.

El capitán general de Melilla, señor Aldave, siguiendo la conducta del general Marina en 1909, decide emprender una acción de castigo inmediata. El 31 de agosto una columna de cinco mil hombres, mandada por el general Larrea, sale para ocupar los Ta-lusits, pequeñas alturas que dominaban el río. Y el mismo día que en Madrid el Gobierno publicaba una nota explicativa de lo sucedido en el Kert, "felicitándose de que el incidente del Riff pudiera darse por terminado", ese mismo día comenzaba una nueva guerra.

Se repite el espectáculo de la salida de tropas para Marruecos, con manifestaciones en pro y en contra en los andenes. De nuevo invade la desgana a los que no ven fin a esta aventura. Atruena la algarada periodística. Debates parlamentarios y anuncios de crisis. Y entre tanto, marchan más soldados y regresan los enfermos y heridos, que describen la zona ocupada como un país de espanto, bajo un sol de fuego, que, en colaboración con mosquitos y aguas salobres, quebraba la salud mejor dispuesta con fiebres y alteraciones orgánicas, cuando se tenía la fortuna de escapar a las agresiones y de regresar ileso de las líneas de combate.

"Las tropas—escribe el general Serra Orts, que hizo aquella campaña—estaban en jaque constante. Sin dormir, comiendo poco y de mala manera, como lo requería la situación crítica y peligrosa. Durante las interminables once horas de la defensa de los Talusits, nadie comió, bebió ni descansó un momento... Se duerme, cuando se puede, a la intemperie. El paludismo ataca a un sesenta por ciento de los individuos de todas clases, desde el general hasta el soldado."

Termina el año, sin que decrezca la lucha iniciada en agosto. En la lista de muertos figuran el general Ordóñez y tres coroneles.

Si agria y dura es la vida en las avanzadas, no es mejor la que se lleva en Melilla, donde menudean tanto las agresiones, que el Comandante Militar prohibe la entrada y salida de la plaza después de la puesta del sol. Además, se sufre tal aglomeración —hay unos 44.000 soldados en la zona—, que, desbordado hasta el último de los barracones, es necesario habilitar para cuarteles edificios nuevos construidos para mercado y hospital de indígenas.

En los primeros meses de 1912 remite la intensidad de los combates. España ya no quiere ni oír hablar de Marruecos. ¿Va a ser —se preguntan— la guerra una dolencia crónica? Vuelven a sangrar los recuerdos del año 1909, más dolorosos en un país extenuado por las pérdidas coloniales. Los periódicos que manipulan la opinión agudizan su hostilidad contra la guerra y contra los generales. Las incidencias de cada día son recogidas en una sección que lleva invariablemente este título: "La tragedia de Marruecos". La propaganda revolucionaria utiliza la campaña para su acción demoledora. "Ni un hombre ni una peseta más para una guerra que sólo sirve a los intereses de las Compañías mineras. ¡Abandonemos Marruecos!"

Esta depresión alcanza al Ejército. La mayoría de los soldados consideran como el peor castigo que en el sorteo les corresponda servir en África. Muchos oficiales esperan con horror la llegada de los años de permanencia en aquellas tierras inhóspitas, que el reglamento prescribe.

Y una mañana del mes de febrero del año 1912 desembarca en Melilla un teniente menudo y delgado; casi un niño. Buen oficial de salón. Melilla era entonces una ciudad sucia y destartalada, que improvisaba espacio para esas aglomeraciones enormes que le deparaba la contienda. Falta de muchas cosas, incómoda, desgreñada, la ciudad se hallaba en esa penumbra que es el tránsito de la barbarie a la civilización. La poblaba un mundo heterogéneo, en el que flotaba la legión de desarrapados que acuden como moscas al olor de la guerra. Betuneros, maleteros, vendedores de freidurías... Al oficial le deslumbró aquel sol que reverberaba en los enjalbegados y que arrancaba destellos fulgurantes al mar. Era la luz de un nuevo continente. ¡África!

Desde el muelle se dirigió al cuartel que ocupaba el regimiento de África, número 68. Llegaba para incorporarse al puesto que había reclamado. Aquel oficial era Francisco Franco.

Por entonces, con el propósito de aliviar a la Península del tributo de sangre que le reclamaba con tan cruel insistencia Marruecos, don Dámaso Berenguer organizaba las fuerzas de policía indígena, que más tarde se denominarán "Regulares", integradas por moros que combatirán a su usanza bajo el mando de oficiales españoles. Estas tropas tienen como finalidad ir en vanguardia, ser fuerzas de choque. Se piden voluntarios para constituir la oficialidad. Un voluntariado para la gloria y para la muerte.

Entre los primeros inscritos figura Franco.

La aventura guerrera atrae su juventud con seducción irresistible.

LA LLAMADA DE ÁFRICA

En los primeros meses de 1912 languideció la lucha en las riberas del río Kert, que la mayor parte del año es un cauce de cascajo. Las columnas mandadas por los generales Larrea, Zubia, Carrasco, Villalón y Pereira se dedicaban a paseos de exploración y reconocimiento, sin graves percances. Sufrían las agresiones nocturnas, que ya eran endémicas, y el "paqueo", que en el Riff se daba con la naturalidad de un producto del clima.

Mas no era posible garantizar una mediana seguridad mientras gozara de vida y libertad El Mizzian, un santón que alentaba la rebeldía con sus predicaciones y que al frente de sus fanáticos recorría la cuenca del Kert excitando a los cabileños para que combatieran sin reposo. El Mizzian era el cínife que propagaba el virus de la guerra.

Tras de penosos esfuerzos, que costaron mucha sangre, se logró dominar el río, fortificar esta raya, y las tropas del general Aldave avanzaron por la llanura de El Garet. Son ocupados Monte Arruit y Tumiat.

Como ya hemos indicado, don Dámaso Berenguer, después de permanecer unos meses en Argelia, donde estudió la organización de fuerzas formadas por gentes del país, implantaba en nuestra zona unas tropas de aquel estilo, que se denominan Regulares Indígenas de Melilla.

¡Con cuánta prevención son miradas en el primer momento!

—Estos hombres—dicen los más desconfiados— se pasarán al enemigo con armamento tan pronto como se les ofrezca oportunidad.

Los propios oficiales no están muy seguros. ¡Corren tantas y tales historias sobre lo que les ha ocurrido a los franceses con tropas semejantes!

Las fuerzas se organizan primero en Sidi Guariach, de donde se trasladan a un campamento en las proximidades de Monte Arruit.

El día 12 de mayo reciben la orden de salir para Zeluán, y, cuando llegan, se las obliga a pernoctar fuera de la Alcazaba. La desconfianza iba en aumento: a los Regulares Indígenas— en su mayoría argelinos—se les consideraba como a enemigos armados dentro de casa. Afirmaban los confidentes, que entre las tres compañías y los tres escuadrones que componían la fuerza, fermentaba la insubordinación. Al frente de las tropas iba Berenguer. Mandaba la Caballería el comandante don Miguel Cabanellas, y en una de las compañías figuraba como segundo teniente Francisco Franco.

Aquella noche los oficiales acordaron mantener una guardia especial a fin de evitar cualquier desagradable sorpresa.

El día 14 de mayo las fuerzas regulares salieron hacia Yadumen, para participar en una operación.

Se desplegó una compañía en la que iba Franco con su sección, y el tercer escuadrón que mandaba don Emilio Fernández Pérez, y al frente de cuyas secciones iban los tenientes Samaniego, Llarch, Núñez del Prado e Ibáñez de Aldecoa. El enemigo rompió el fuego, tan pronto como observó el despliegue de nuestras tropas.

La compañía de Infantería tenía por objetivo la conquista del aduar Haddú-AUal-u-Kaddur, y encontraba tenaz resistencia, que los regulares vencían, levantando al enemigo, que se pegaba al terreno.

El coronel Berenguer seguía desde una loma, con los prismáticos, la marcha de las tropas.

Atraía especialmente su atención la guerrilla que iba en vanguardia a la derecha.

—¡Qué bien avanza aquella sección!—observó.

—Es la de Franquito—repuso uno.

Aquel día Franco recibía su bautismo de fuego.

* * *

Iba siempre adelante, en efecto, la compañía, y ya estaba en los aledaños del poblado, cuando apareció con gran aparato un tropel de moros, conducido por uno barbudo y solemne, con su jaique blanco y flameante, magnífico jinete en caballo que caracoleaba nervioso. Iba altanero, gesticulante y atronaba con grandes voces: los otros le seguían con ciega confianza. La aparición de esta harca ponía en peligro a las tropas regulares, cuando el disparo certero de un cabo llamado Gonzalo Sauca dio en tierra con el moro majestuoso. Se produjo una instantánea mutación en el tropel. Los jinetes moros, tan decididos y lanzados, quedaron paralizados como si una fuerza misteriosa los frenara de súbito. Vacilaron unos instantes, para iniciar en seguida una huida, despavoridos y con gestos de desolación y de pánico.

Aquel moro majestuoso era El Mizzian, el mismo que había predicado cien veces que a él sólo podía matarle una bala de oro.

Con la muerte de El Mizzian la harca se disuelve y la campaña decae. En los meses sucesivos las tropas avanzan sin resistencia y consolidan el dominio de El Garet, inmensa extensión de seiscientos kilómetros cuadrados.

A la tempestad guerrera sucede la calma. Bien la necesitan las tropas y España. El país, que sentía aversión por la contienda, respira satisfecho cuando le dicen que no se combatirá más.

A las tropas indígenas se las envía al campamento de Sebt, donde permanecerán trece meses. Pero la guerra que se apaga en Melilla se va a encender en la zona occidental.

El 18 de febrero de 1913, el general Alfau partió de Ceuta al frente de una columna de 2.500 hombres y llegó a Tetuán sin disparar un solo tiro, siendo acogido con demostraciones de simpatía por parte del vecindario.

La ciudad mora, que vuelve a ser de España, despierta la curiosidad de las gentes. Se desempolva la literatura de Alarcón y se repiten los nombres de O'Donell y de Prim. Se cuentan las bellezas pintorescas de Tetuán, el embrujo de sus barrios, la algarabía de sus zocos, el secreto de sus mezquitas, el laberinto de sus callejuelas con su comercio de telas brillantes, de babuchas recamadas, de perfumes y repujados, de gumías damasquinadas, de ámbar y de sándalo... Y la molicie sensual de sus moradores, y los cantos del muecín, y sus patios de azul y almazarrón, y su música plañidera... Tras los penosos relatos de luchas inacabables y tras las perspectivas calcinadas y arenosas de Melilla, la ciudad de Tetuán es una joya que ofrece el África como compensación y regalo por los sacrificios de España.

Pero la satisfacción que el suceso produce dura bien poco. Las harcas que rodean a la ciudad no se conforman con que los españoles disfruten en paz de su conquista. Están inquietas: en los alrededores se multiplican las agresiones, y Tetuán tiene que encerrarse en un corsé de parapetos. Para aliviar a la ciudad de aquella fatiga, se ocupa Laucien, que se halla a diez kilómetros, pero la situación no varía. Cada convoy a la nueva posición es una batalla.

En junio de 1914 las cosas empeoran, y las tropas regulares tienen que salir apresuradamente hacia la zona occidental. Hacen a pie el camino desde el campamento a Melilla con un calor de infierno. Dos soldados mueren de insolación. Desembarcan en Ceuta, donde hacen noche, y al día siguiente, antes de llegar a Tetuán, tienen que desplegarse en guerrilla y entrar en fuego, porque el enemigo ataca las posiciones de Río Martín, que piden auxilio con urgencia.

A poco la rebeldía no es sólo en las cercanías de Tetuán, sino que se ha extendido al camino que lleva a Ceuta y se ha propagado a la zona de Larache. El Raisuni, señor de Beni-Arós, predica la guerra santa y solivianta a las cábilas.

Franco está en el avispero, al mando de su sección de Regulares.

En septiembre es la gran acción de Izardúy, donde, en opinión de don Dámaso Berenguer, se reveló el temperamento militar de Franco, al conquistar, con una pericia que acreditaba su vocación de guerrero y con un brío que era reflejo de su valor, unas alturas que el enemigo defendía con acérrimo empeño. Franco gana con esta operación su primer ascenso por méritos de guerra. Ya es primer teniente.

Y siguen los meses de lucha, fatigosa, abrumadora, y sin resultados positivos. Unas veces se pacta con el Raisuni, y la ocupación de territorios es sólo teórica, pues el cabecilla acapara la autoridad y las agresiones no cesan, y otras se rompe con él para reanudar la guerra sin embozos.

El año 1915 es de constante pelea menuda, que se disuelve en combates en las aguadas, y en el auxilio a las posiciones, y en proteger caminos, y en abrirlos cuando los cierran las incursiones de los moros.

En esta lucha sorda, diaria, endémica, acampando entre riscos, luchando con hielos y con calores caniculares, se templa el ánimo y se forja el alma guerrillera de aquel oficial menudo, de apariencia delicada, siempre animoso y dispuesto para los servicios que se le encomienden, por difíciles y penosos que sean, que se juega a diario la vida con una elegante indiferencia.

El Alto Mando aprecia su labor, y lo propone para el ascenso, por méritos de campaña. Franco es capitán, poco después de cumplir los veinte años.

Al terminar el año 1915, de los cuarenta y dos jefes y oficiales, todos voluntarios, de las Fuerzas Regulares Indígenas de Melilla, sólo quedan ilesos siete. Entre éstos, Franco.

Parecía revestido de privilegios mitológicos que le hacían invulnerable. Podía repetir que tampoco se había fabricado la bala que tenía que herirle. Caían en la lucha soldados y oficiales en gran número. Franco regresaba siempre sonriente e ileso. Un día, hallándose en un parapeto, coge un termo para beber el café. Una bala disparada con precisión diabólica le arranca el tapón de entre los dedos. El capitán no se inmuta: bebe el contenido y, mirando al campo enemigo, exclama:

—¡A ver si apuntáis mejor!

Mas en el año 1916 se iba a eclipsar su buena estrella. El 29 de junio, de acuerdo con el Raisuni, se realizaron operaciones en la cábila de Anghera por las tropas de Ceuta y de Larache. Estas tomaron con relativa facilidad Tafugallz, Melusa y Ain Guenine, pero las de Ceuta, al ocupar Biutz, sostuvieron un combate durísimo. El enemigo, rechazado varias veces, se rehacía y renovaba el ataque con la pretensión de desbordar las líneas españolas. En las fuerzas de Ceuta iba Francisco Franco. Como advirtiera que desde un parapeto el adversario hostilizaba e impedía el avance, se puso al frente de sus soldados para asaltarlo. Recuerda que en aquel momento recogió del suelo el fusil abandonado por un regular herido y que lo cargó para utilizarlo.

Dio unos pasos y se desplomó con el vientre atravesado por un balazo. "Sentí—dirá años después— como si de pronto me hubieran aplicado un sinapismo ardiente que me abrasaba cortándome la respiración."

La herida era muy grave, y Franco quedó en la posición, pues los médicos prohibieron que fuera evacuado a un hospital, temerosos de que muriera en el camino. Los padres llegan a Biutz con el presentimiento de no hallar vivo a su hijo.

Mas su hijo vive, mejora y ya convalece.

—La herida—exclama el médico—ha seguido una trayectoria milagrosa. Salió adelante y fué trasladado a la Península para su convalecencia.

Los méritos contraídos en los tres últimos años de actividad constante le valieron una propuesta de ascenso, que no prosperó porque había por entonces en ciertas alturas oficiales una marcada propensión contraria a este género de premios. Imperaba el criterio de restringir los ascensos por méritos de guerra. Otro era, sin embargo, el verdadero motivo de aquella oposición a la propuesta, motivo que sólo se decía en tono confidencial y en determinados centros militares. Franco era demasiado joven para ser jefe del Ejército. ¡Tenía veintitrés años!

¡Demasiado joven! Dichoso defecto que no le impidió actuar durante aquellos años azarosos como un veterano bien dotado de experiencia, y en el que no reparaban los superiores al confiarle misiones y servicios de la más alta importancia. Y sobre todo: ahí estaba el historial. Un hombre en plena juventud, cargado de laureles, era para ciertos cerebros anquilosados que graduaban los ascensos por años de milicia, un anacronismo.

No se le concedió a Franco el ascenso, pero, en cambio, se le recompensó con la Medalla de Sufrimientos por la Patria y la Cruz de María Cristina.

El capitán acudió a los medios reglamentarios para sostener sus derechos y elevó una instancia al Rey en solicitud de mejora de recompensa. Los méritos que alegaba eran de tal calidad y en tal número, que desconocerlos equivalía a desamparar la justicia negándosela a uno de los mejores soldados de España. La instancia fué resuelta satisfactoriamente y además se le abrió juicio contradictorio para la concesión de la Cruz laureada de San Fernando.

Franco ascendió a comandante, y tan pronto como recuperó sus aptitudes para la milicia, pidió de nuevo mando de fuerzas en África; mas por no haber vacante, hubo de aceptar destino forzoso en la Península.

Le correspondió el regimiento del Príncipe, de guarnición en Oviedo.

Por entonces coincidieron en la capital de las Asturias varios oficiales cuyos nombres, andando el tiempo, tanto habían de brillar en la milicia: Alvaro Sueiro, Camilo Alonso Vega, Francisco Franco Salgado, ayudante en la actualidad del Generalísimo; Rafael Civantos, Valcázar, Pardo; los que, en la marcha de la vida, han de encontrarse de nuevo con su comandante, para la realización de memorables empresas.

Los asturianos, tan familiarizados con el diminutivo cariñoso, denominan a Franco "el comandantín". Invariablemente, en las primeras horas de la tarde Franco sale del hotel de la calle de Uría donde se aloja y monta a caballo para dar su acostumbrado paseo. La gente se congrega para contemplarle.

¡El comandantín! ¡Tan serio, tan arrogante y tan joven!

—¡Si ye un rapaz, hom!

¡El comandante más joven de España!

Cuando penetra en el comedor del hotel, se produce un movimiento admirativo. Los huéspedes se susurran al oído:

—¡Franco!

¡Cómo había de pensar yo, estudiante entonces, que llegarían estos días, en que había de procurarme una historia tan extensa y emocionante el comensal de la mesa inmediata!

Pero Franco no había pasado impunemente por África y por la guerra. Ya no las olvidará nunca. Es la atormentadora nostalgia que sufren todos los coloniales que se han entregado de corazón a la tierra exótica. Franco tiene la retina impregnada de paisajes que jamás se borran. El alma, curtida y propicia a unas inquietudes que no aplacará en España. Sobre su memoria pesa constantemente el recuerdo de los que han quedado en la llanura de El Garet, en las montañas de Teután, en lidia con el moro, viviendo las horas inciertas de la campaña. La llamada de África resuena en su espíritu, tímida e insinuante primero, imperativa después como una fascinación de espejismo que le atrapa en su cepo letal. ¡África! Campos aletargados bajo un sol ardoroso, caminos entre barrancos, desolación, verdor de las huertas tetuaníes, blanca balconada de Ceuta sobre el Estrecho, pulso del mundo. Y más allá de todo esto, el misterio. El misterio de los bosques sagrados de Beni-Arós, el impenetrable secreto de Xauen, las tierras desconocidas de Axdir, los caminos que no ha hollado ningún viajero europeo, las noches con las hogueras en las cumbres llamando a la guerra...

Franco tiene ya en sus venas el veneno de África, el hechizo que embrujó a tantos mortales que se asomaron al continente como simples curiosos, o que a él fueron como mercaderes o como guerreros, y quedaron cautivos para siempre. La seducción que se hace Antinea para el teniente Saint Avit, que puebla de fantasmas estelares el cielo del Hoggar para el vizconde de Foucauld, que es enamoramiento apasionado, amor al desierto, para el capitán Flatters, que es luz que le reconcilia con la vida para míster Harris, que es tierra nueva que conquistar para España en el comandante Franco.

El África insondable, misteriosa, que vela sus secretos: con sus noches de claridades transparentes, con sus días de sofoco y bochorno, sus cadencias suspirantes y lánguidas, su pasión encendida en las pupilas ardientes que espían...

El comandante Franco tiene extendida solicitud permanente para volver a África. Y al África vuelve...

FRANCO EN LA LEGIÓN

El 28 de abril de 1920 el Gobierno de Madrid creaba el "Tercio Extranjero", confiando al teniente coronel don José Millán Astray el encargo de organizarlo. Ninguno parecía con dotes tan singulares y apropiadas para realizar el cometido. Impetuoso, bravo, con un sentido claro de la educación guerrera, y con aquellas cualidades que requería el jefe de una fuerza que sería valiente entre las valientes.

Millán Astray se consagró por entero a su labor. Años después contará cómo fueron los preliminares de esta institución:

"Cuando hube de organizar la Legión, pensé cómo habían de ser mis legionarios, y habían de ser lo que son hoy: después pensé quiénes serían los jefes que me ayudasen en esta empresa, y designé a Franco el primero: le telegrafié ofreciéndole el puesto de *Lugarteniente,* aceptó en seguida y henos aquí trabajando para crear la Legión: los oficiales los elegí en la misma forma, y así llegaron Arredondo, el primer capitán; Olavide, el primer teniente, y todos los demás."

En octubre de 1920 Franco se encuentra en Algeciras con los primeros legionarios que van a incorporarse. Son aventureros de todas las latitudes, vestidos de manera estrafalaria: un muestrario de tipos, con aires de bohemia, que coincidían en la gran emoción de la guerra. Atraviesa el Estrecho con ellos.

Los contempla con simpatía, porque sabe que van a realizar juntos el mismo camino.

Desembarcados en Ceuta, a poco desfilan con arrogancia ante el teniente coronel, que les arenga. Franco siente que la emoción nubla sus ojos. Es—dice— nuestro sentimiento legionario que alborea.

¿Quiénes son aquellos hombres que conmueven al comandante y hacia los cuales va su emoción admirativa? La mayoría ocultan su verdadero nombre y algunos hasta su origen. Son extranjeros coleccionistas de aventuras, españoles errantes por caminos inciertos que no tienen fin, guardias civiles licenciados, antiguos soldados con solera marcial, gente toda con el regusto del peligro y que flirtean con la muerte... Un antiguo oficial de la Guardia prusiana, un aviador italiano, un exclaustrado que desea volver al convento, pero a quien el prior le impone como extraña penitencia que se aliste en la Legión.

El 16 de octubre las tres compañías recién formadas de la Primera Bandera se* instalan en el campamento de Riffien. Cuarenta legionarios salen—la primera salida de la Legión— para las operaciones de Xauen en calidad de acemileros. Los demás los ven marchar con envidia.

El 2 de noviembre la Bandera mandada por Franco parte para Uad Lau y al anochecer llega al poblado del Rincón. La segunda etapa termina en Tetuán. La vanguardia lanza gritos de alegría cuando atisba las siluetas de los minaretes perfilándose en las lejanías azules. Los legionarios desfilan por la plaza de España ante la curiosidad de las gentes que ven por primera vez a estas fuerzas, que, sin haber combatido, tiene ya aureola de bravura. Vivaquean en las lomas de Beni-Madan. Como los acemileros han equivocado el camino y no llegan, se improvisa una sopa y los legionarios duermen sin manta en el suelo o sobre la lona de las camillas.

La tercera y última jornada de marcha, muy penosa a causa de la lluvia, acaba en el ameno valle del Lau, cercado de espesuras tropicales y a la vista del mar. Cierra por un lado el horizonte el macizo imponente de los montes de Gomara. Por otro, la sierra de Beni-Hassan, con sus manteles de nieve, es la ciudadela que protege el tesoro de Xauen. El terreno desciende y a dos kilómetros se adivina la costa, donde caracolean las olas.

Aquí, en Uad Lau, se establece el campamento. El primer campamento de la Legión, y en él— dice Franco—se han de preparar para la guerra los legionarios de la primera Bandera.

Se los impone en la férrea disciplina, se los adiestra para el combate y se los instruye en el tiro. Los servicios de noche se hacen con todo rigor. Nadie duerme. El oficial, en constante vigilia y fuera de su alojamiento, recorre los puestos y cumple su cometido. "Esta es la vida virtuosa y activa de los oficiales de la Legión."

Por las noches se reúnen los oficiales, presididos por Franco, y comentan temas de la guerra de Marruecos y la adaptación a ella de los reglamentos.

En Uad Lau no se conocen otras distracciones que las naturales que brinda el campo. La llegada del correo es una alegría y la aparición del cañonero *Bonifas* constituye un acontecimiento. El capitán de fragata don Juan Cervera, que lo manda, y los oficiales desembarcan y pasan una tarde con los legionarios. ¡Cómo agradecen éstos la visita!

La Nochebuena de 1920 es festejada en Uad Lau de la mejor manera posible. Con una cena espléndida, música y derroche de alegría. Los legionarios alemanes han levantado su "Árbol de Noel", en cuyas ramas los oficiales han colgado como regalos unas botellas de cerveza.

Parece que no ha de sonar nunca la hora de salir de Uad Lau. Aquella soledad y aquella monotonía los abruma. "Estamos—escribe Franco—cansados de la paz en que vivimos: la Bandera, perfectamente instruida y en espera de que la empleen. Los legionarios sueñan con ir a Xauen remontando el valle del Lau y unir la costa con la misteriosa ciudad. Se nos hace interminable la espera."

Pero un día de abril, el 17, llega al campamento el coronel Castro Girona y poco después Millán Astray, que manda una columna compuesta de los Ta-bores de Tetuán y Ceuta, de la Me jala Xerifiana y de fuerzas de Cazadores y Artillería.

¿Quién reconocería a Uad Lau invadido de aquel bullicio y de aquella animación? Se suceden las escenas de alegría entre los oficiales que vuelven a encontrarse. Suben del campamento espirales de humo y aires de coplas. Nadie reposa aquella noche.

El coronel reúne a los jefes y les explica la operación que se proyecta. Se trata de ocupar Kaaseres, la punta de Targa y Tiguisats, para estabilizar la ocupación de la costa de Gomara y evitar en lo posible los peligros que pudieran presentarse por la reacción de algunas cábilas cuya rebeldía trabajaba el Raisuni.

Al amanecer del día 18 la columna vadea el Lau y llega a la rinconada de Kaaseres. Los barcos de guerra cooperan a la operación. Continuado el avance, se da vista al valle de Targa, en toda su lozanía primaveral: paisaje idílico, con sus huertos verdes y floridos y sus casitas de resplandeciente albura.

Por la tarde llega el Alto Comisario, don Dámaso Berenguer. En la siguiente jornada la columna atraviesa amenísimos parajes ornados de bosques de olivos y de naranjos en flor, hasta alcanzar el valle de Tiguisats. En las inmediaciones de la desembocadura del río del mismo nombre, acampan las tropas, y allí permanece la Legión cuatro días, al cabo de los cuales regresa a Uad Lau.

Poco después, el 30 de abril, la primera Bandera es incorporada a la columna de Castro Girona, que va a abrir la comunicación de Xauen con la costa, y a establecer una línea definitiva o frontera militar, creando una comunicación entre el Atlántico y el Mediterráneo, que por la línea Larache-Alcázar-Lucus-Xauen-Uad Lau fuera un verdadero camino de ronda alrededor del gran macizo Yebala, aislando el nido de águilas de sus cumbres, el Buhaxén y el Yebel-Alam, refugio del fanatismo edrisita.

La marcha se hizo por un caos de montañas, entre desfiladeros, por bordes de simas. Sendas endemoniadas, de las que se escurren los mulos para despeñarse con estruendo. Un calor asfixiante hace más penoso el avance. El camino queda sembrado de blocaos. Ante cada arroyuelo las tropas se detienen para aliviar la sed que las devora con ardores de fiebre. Se hace alto en Tagsut. Al día siguiente, bien de mañana, se prosigue hacia las montañas de Kálaa, y por la tarde, iluminada con luces de crepúsculo, surge la anhelada visión de Xauen, con su arrogante alcazaba, sus tejadillos rojos y la exuberancia de sus frondas. Xauen, la que pocos meses antes las fuerzas españolas han incorporado a la civilización, sacándola de su sopor de siglos.

En la ciudad santa se reúnen por primera vez las tres Banderas de la Legión.

El *Times,* refiriéndose a estas operaciones, escribe: "Después de una penosa marcha por un terreno difícil, las columnas españolas han establecido la comunicación entre Xauen, la ciudad sagrada, ocupada el pasado otoño, y el Mediterráneo.

"El éxito de la operación, en la que tomó parte el Cuerpo recientemente creado de la Legión Extranjera, se debió, en su mayor parte, a las acertadas gestiones políticas que la precedieron."

El día 4 de mayo los legionarios que manda Franco van en la columna de Sanjurjo. "Nos descorazona—dice el comandante—, porque no vamos en vanguardia." El enemigo hace acto de presencia y los legionarios responden a los primeros disparos con vivas a España y a la Legión. Dos caen heridos.

En la jornada siguiente, la Bandera se sitúa al abrigo del blocao de Miskrela. Con sana envidia ven los legionarios trepar las guerrillas de regulares. Al terminar estas operaciones, la ciudad queda descongestionada de la presión enemiga. La primera y tercera Banderas quedan de guarnición en Xauen.

Los días pasados allí son de constante escuela de combate. El 24 de junio la primera Bandera sale para participar en la campaña de Beni-Arós, que ha de acabar con el Raisuni, nervio de toda la rebeldía de la zona occidental. Franco y sus legionarios llegan al Zoco del Arbaa, e incorporados a la columna de Sanjurjo, participan en las operaciones de Beni-Lait.

"Nuestra esperanza de alternar en las vanguardias—escribe Franco—se va viendo defraudada, y los oficiales marchan tristes y pensativos. Hemos educado a nuestros soldados para ir en los puestos más peligrosos, y para ello también se reunió bajo estas Banderas una oficialidad entusiasta y decidida. Los soldados parecen participar de nuestra contrariedad, y silenciosos ascienden por las laderas de Beni-Lait, hasta entonces refugio de tiradores enemigos."

Y la lamentación de Franco porque se les priva de ese honor de ir en vanguardia prosigue en los términos siguientes:

"Esto es demasiado, para esto no hemos venido por segunda vez a Marruecos—dice un oficial—: nadie está satisfecho. En el semblante de nuestro jefe se nota también gran contrariedad. Aconseja templanza. Ya llegará el día. Pero interiormente todos nos descorazonamos. ¿Qué será de nuestro credo?"

La decepción se ha trocado en desconsuelo. El legionario, al verse postergado del puesto de peligro, se considera descalificado, disminuido en sus cualidades, castigado en su prestigio. Reclama la vanguardia, no tan sólo como un honor, sino también como un derecho. Franco recoge el sentir de todos sus compañeros cuando así se lamenta. Si la Legión—piensa—no ha de ser valerosa sobre todas las demás fuerzas, y ejemplar su bizarría, ¿para qué se han hecho legionarios aquellos hombres? Y no obtiene respuesta.

Una tarde se concede a los legionarios un puesto más avanzado, mas previamente se le compromete al comandante a que no tenga bajas.

Tras de un día dedicado al descanso, sale la Legión con la columna a la operación de Salan. "Nuestro puesto—insiste Franco—no varía. Conforme pasan los días, nuestra contrariedad es mayor, y al general rogamos respetuosamente un puesto de honor, ir algún día en vanguardia."

Dos fechas después se desarrolla el combate más importante del ciclo de operaciones de Beni-Arós. La lucha duró todo el día. Hubo unidad que estuvo veintiséis horas entre marcha y combate sin el menor descanso. Una reacción del enemigo motivó la intervención de los legionarios, que pagaron aquel hecho inaugural con la moneda corriente en la guerra: a precio de sangre heroica. Varios soldados cayeron heridos, y atravesadas sus piernas de balazos el capitán de la primera compañía, Pablo Arredondo—el oficial legionario "protomártir"—, que se niega a ser retirado de su puesto.

El general Berenguer consignará en sus Memorias: "El combate fui muy empeñado, siendo de notar la gran resistencia y acometividad que ofreció el enemigo y el brillante comportamiento del Tercio Extranjero, que se inauguraba aquel día en su primer combate formal."

Al comenzar julio, la primera Bandera es enviada a la zona de Larache. Dominado el valle de Amegatet desde Timisar a Buharrax y estrechada la rebeldía casi al mismo pie de la vertiente oriental de la montaña, es decir, agotado el espacio de avance útil por esta parte, había llegado el momento de actuar en la vertiente occidental, ocupando el valle de Beni-Arós, después de romper los obstáculos que a ello se oponían.

Las marchas se hacen bajo un sol de plomo, con calor pegajoso y enervante. El día 10 la Bandera pernocta en el campamento de Rokba-el-Gozal, después de haber participado en las operaciones sobre la sierra de Sidi Embarek. En los días sucesivos los legionarios atraviesan los bosques hasta el Zoco del Jemis, y llegan a Bab-es-Sor, "La Puerta de la Muralla", desde cuya cima se divisa a lo lejos el caserío de Tazarut, la guarida del Raisuni. Las operaciones se han desarrollado con la exactitud de unas maniobras perfectas. Franco no oculta el gozo que le ha producido el alarde de la caballería del grupo de Larache, al correr por las montañas como una ráfaga de centauros,

La primera Bandera acampa en Rokba-el-Gozal. Ya está en todas las mentes que el objetivo a conseguir como remate de la campaña es la conquista de Tazarut, con lo que se quiebra y desmorona el poderío del Raisuni. Tazarut está cercado por las columnas, y los soldados tienen en sus pupilas la visión de aquellas casitas blancas rodeadas de bosques.

No hay otro tema de conversación en las cenas, que celebran los oficiales al aire libre, porque el calor es sofocante. Pasa sobre el campamento una bocanada de horno, caldeada en las fraguas del Sahara. Viene del campo una sinfonía de gritos y aullidos, de toda la fauna exultante por la calentura.

Un oficial observa:

—Hoy hemos alcanzado los sesenta grados al sol. Mañana... Y mira al cielo, sin una nube, con toda su pedrería rutilante.

—Mañana estaremos en los jardines de Tazarut— contesta otro.

No hay más preocupación ni otro anhelo. La guerra es conquista, y el Ejército sin esta ilusión es un Ejército en derrota. Ir adelante, dominar tierras, entrar en el poblado lejano y misterioso para clavar en él una bandera a la que se la quiera como a una novia...

Melilla, 1921

El campamento de Rokba-el-Gozal reposaba cercado por las sombras de las montañas de Beni-Arós. Era el 21 de julio. La tierra exhalaba el vaho caliente de la respiración tropical. Bajo las tiendas dormían los miles de hombres que constituían las columnas que iban a la busca del Raisuni para derrotarle.

En contraste con aquella calma, en el barracón del Estado Mayor se nota esa agitación y revuelo que suele producirse en las casas cuando repentinamente enferma un familiar. Suena con insistencia el teléfono. La pequeña estación de campaña late como el corazón de un calenturiento, recogiendo la angustia que venía temblorosa por los espacios, para responder con mensajes desoladores. El Alto Comisario habla con los generales, redacta unas órdenes, responde al teléfono. En las fisonomías de cuantos se hallan en la estancia se refleja el palor del espanto.

¿Qué sucede en algún rincón lejano que repercute con tan trágica inquietud en este campamento de Rokba-el-Gozal, silencioso, tranquilo, bajo el cálido embozo de la noche estival? Las horas, lejos de ser balsámicas, y de aplacar aquel sobresalto, lo suben y agudizan.

El Alto Comisario pone fin a aquella situación y escribe el siguiente despacho para ser transmitido al Comandante General de Melilla:

"Quedo enterado, esperando que todos en estos críticos momentos pensarán, ante todo, en el prestigio y honor de la patria."

Luego, dirigiéndose a los ayudantes, les dice:

—Dentro de una hora saldremos para Tetuán.

A las dos de la madrugada el teniente coronel Millán Astray ordena que llamen con urgencia al comandante Franco. Pero, a punto de salir el mensajero, rectifica y exclama:

—No; no vaya. Iré yo mismo.

Franco estaba en pie a la puerta de su tienda. Sin duda, esperaba aquella visita.

—¿Sucede algo? ¿Hay que salir? El jefe de la Legión replica:

—Tiene que partir lo antes posible una Bandera para el Fondak.

Como en Rokba-el-Gozal hay tres Banderas, se pregunta cuál de ellas tiene que salir.

—La que esté dispuesta más pronto.

Franco transmite la orden a los demás comandantes, y se decide por sorteo. Le corresponde a la primera, a la de Franco.

Hora y media después los legionarios inician su marcha hacia el Fondak. Una caminata por bosques, en cuyas frondas tiemblan las primeras claridades de un día que se anunciaba bochornoso y con sol de plomo. Se hace un alto en Al-Xhudi, que los soldados aprovechan para bañarse en el río y recuperar energías, pues quedan muchos kilómetros por recorrer. Los más optimistas calculan que hasta bien entrada la noche no se llegará al Fondak.

A las tres de la tarde se reanuda la marcha—tres de la tarde, julio, África—, y como el calor es tan horrible, hay que frecuentar los descansos, pues las tropas se van extenuando. La noche cae sobre los caminantes, que avanzan ahora por montañas desnudas, entre desfiladeros tétricos. El Fondak parece perdido en un infinito imposible. Estas horas se hacen más penosas para los legionarios, porque a la fatiga que los rinde hay que añadir el forcejeo con el huracán que los sacude incesante con sus aletazos. Al fin, las vanguardias gritan:

—¡El Fondak!

Se reaniman las últimas energías. Allá lejos brillan en la noche las luciérnagas de la posición.

Queda por subir una cuesta áspera e interminable.

Cuando los soldados llegan al Fondak—las once de la noche—no pueden más. No aguardan a la comida, ni pierden tiempo en levantar las tiendas. Se desprenden de sus mochilas y se derrumban en las cunetas. Y en ellas duermen.

Mas no reposan todos. Al comandante Franco no le es dable este favor. Apenas ha llegado al Fondak, cuando le enteran que de Tetuán han preguntado insistentemente, tarde y noche, por él. Y la nueva llamada no tarda.

—¿Qué hace la Legión?

—Descansar después de veinte horas de marcha.

—Pues es necesario que esté en Tetuán al amanecer.

—Hay una imposibilidad física: los soldados no pueden seguir...

Avanzada la madrugada, nueva alarma del teléfono. La misma pregunta anhelante del moribundo y del náufrago:

—¿Cuándo salen?

—Por la mañana a primera hora.

—No, no. Tiene que ser ahora mismo. ¡Ahora mismo! No se puede esperar más. ¡Melilla se hunde!

¿Qué cataclismo se ha producido para que puedan pronunciarse estas palabras: ¡Melilla se hunde! ?

Franco ordena que toquen diana. Son las tres de la madrugada. Suena la corneta, pero ni un soldado se mueve. El cansancio los ha hecho de piedra, y hay que sacudirlos uno a uno para que se despierten. Otra vez en marcha. ¿De qué gravedad son los sucesos que ocurren para que las voces de auxilio tengan la desesperara urgencia del que se asfixia? A las diez menos cuarto los legionarios desfilan por las calles de Tetuán, camino de la estación, donde los espera el tren. En el mismo andén un amigo se acerca a Franco y le dice consternado:

—El general Fernández Silvestre se ha pegado un tiro.

En Ceuta embarca la Bandera en el *Ciudad de Cádiz,* en el que también va Sanjurjo, que comunica noticias confusas del desastre.

¡Y todavía una noche y una mañana antes de ver Melilla! Las horas se hacen interminables, sin noticias que aplaquen aquel desasosiego que roe con diente voraz a los navegantes. No se tienen noticias, pero el grito de auxilio pegado a su oído desde la salida del campamento, persiste a lo largo de la travesía. Es el propio Alto Comisario, que ya está en Melilla, el que lanza los mensajes:

"Forzad la marcha todo lo posible. ¿Cuándo llegarán?" Se le responde:

"Vamos a toda máquina y llegaremos a eso de las dos."

Como es domingo, se oye misa en cubierta. Los rostros están sombreados de presagios y el pensamiento va fijo hacia Melilla, que se revuelve en estremecimientos agónicos. Pocas horas después, un nuevo mensaje. Es el estertor:

"Venid más de prisa."

Para los que aguardan en la Comandancia Militar, el *Ciudad de Cádiz* avanza "con desesperante lentitud. A las once de la mañana no está ni a la vista del puerto".[3]

Franco va en busca del capitán y le interroga.

—Vamos—le responde—a toda marcha. El barco no puede andar más.

Por fin, a lo lejos blanquean al sol las casas de la ciudad. ¡Melilla! La muralla del puerto aparece llena de gente. Una sección de carabineros y una música se encuentran en el desembarcadero. Los legionarios, desde cubierta, saludan, vitorean y entonan la "Madelón". La primera música que sale al paso a la oleada de pánico que estrangulaba a la población.

Una gasolinera se acerca al barco, con un ayudante del Alto Comisario. Le rodean los oficiales, ávidos de saber.

"De la Comandancia de Melilla—dice el ayudante—no queda nada. El Ejército, derrotado. La plaza, abierta, y la ciudad, loca, presa del pánico: de la columna de Navarro no se tienen noticias. Hace falta levantar la moral del pueblo, traerle la confianza que le falta, y todas las fantasías serán pocas."

"Jamás impresión más intensa embargó nuestros corazones—escribe Franco—. A la emoción dolorosa del desastre se une la impresión de la emoción del pueblo, traducida en vítores y aplausos. El corazón sangra, pero los

---

[3] General BERENGUER., *Campañas en el Riff y en Yebala*.

legionarios cantan y en el pueblo renace la esperanza muerta."

"El dolor nubla nuestros ojos, pero hay que reír y cantar; las canciones brotan, y, entre vivas a España, el pueblo aplaude loco, frenético, nuestra entrada."

Arengas de Millán Astray, música, desfile de legionarios, de los peludos de Beni-Arós, entre lágrimas, sollozos, vítores y aplausos. Ya está la ciudad recuperada, vuelta en sí tras el colapso. Y he aquí cómo, sin combatir, ganó la Legión su primera victoria, donde era desconocida. Con su sola presencia. Ese día—precisa el general Berenguer—prestaron el Tercio y su jefe un positivo servicio al mando y a la Nación.

"Entonces—dice Franco—recibimos las emociones más grandes de la vida militar; nuestros corazones lloran la derrota. Los fugitivos, a la llegada, nos relatan los tristes momentos de su retirada: las tropas en huida, las cobardías, los hechos heroicos, todo lo que constituye la dolorosa tragedia; Silvestre, abandonado; Morales, muerto; soldados que llegan sin armas a la plaza; Zeluán se defiende; Nador también. Son las noticias que traen estos hombres, en los que el terror ha dilatado las pupilas y que nos hablan, con espanto, de carreras, de moros que les persiguen, de moras que rematan a los heridos, de lo espantoso del desastre. Llegan desnudos, inconscientes, como pobres locos."

Blocaos y convoyes

A las pocas horas de haber desembarcado, salió la primera Bandera para las avanzadas, donde se organizaba la resistencia con el fin de cerrar el paso a las avalanchas de moros que descendían del Gurugú dispuestos a penetrar en Melilla.

Ya están los legionarios en la primera línea, en el puesto anhelado, que no abandonarán mientras dure la campaña. Siempre en vanguardia, la Bandera irá dejando entre las breñas y las llanuras, las cuestas y los barrancos, un reguero de sangre y una hilera de tumbas. Caen sus oficiales y soldados, lo más florido de la Legión, pues la muerte sortea sus víctimas entre unos y otros. ¡La primera Bandera! Primera en todo: por haber recibido la gracia del heroísmo legionario, por su presencia en Melilla, por sus triunfos y por sus muertos. Los batallones llegados de la Península —La Corona, Borbón y Extremadura— marcharon desde el muelle a ocupar la línea exterior de fuertes, y los regulares de Ceuta, mandados por el inolvidable González Tablas, que desembarcaron pocas horas después del Tercio, fueron enviados al Zoco del Had, ante la apremiante llamada de Abd-el-Kader. Los legionarios se establecieron en las laderas de Taguel Manin y Ait Aisa. Una sección ocupa el fortín de Sidi-Musa. Las fuerzas restantes se fortifican en Sidi-Hamed.

Desde esta posición se divisa el poblado de Na-dor. Se ven los grupos de moros dedicados al saqueo y al incendio y las caravanas que se alejan con lo robado. En lo alto de una casa cercana al mar, un heliógrafo lanza siempre que puede sus guiños rutilantes, que son mensajes de socorro.

¿Por qué no venís a salvarnos?, parece decir el heliógrafo. ¿Nos dejaréis morir sin remedio?

Estas mismas preguntas se hacen los legionarios. ¿Por qué no vamos a salvarlos? Las llamadas son cada vez más angustiosas. El jefe de la Legión se resuelve al fin y le propone al comandante Franco:

—¿Por qué no les enviamos un socorro de víveres y medicamentos con unos voluntarios? ¿Es que no habrá quien se preste a eso?

Franco le responde sin vacilar:

—Muchísimos.

Para probarlo, hace la pregunta a sus soldados, y no hay uno que se niegue para aquel servicio voluntario, que equivalía a ir a la muerte. Y el comandante comenta: "¡Así queremos a los legionarios!" El Alto Mando no consideró oportuno el intento, por las mismas razones por las que negó al jefe de la Legión el permiso para ir en socorro de la posición sitiada. No se podía abandonar la plaza.

Agosto fué el mes de los blocaos y los convoyes. Mientras se organizaba el Ejército en Melilla, era menester garantizar la seguridad de la plaza con una serie de blocaos instalados en los sitios estratégicos y, por lo mismo, más combatidos por el enemigo. Hay blocaos con más historia guerrera que muchas ciudades viejas. Abastecer a estos blocaos era el conflicto de cada día. Establecida la posición, sabía el enemigo que los recursos de los que en ella quedaban eran cortos y que a fecha determinada tenían que recibir el auxilio. Prevista la contingencia, lo demás era cuenta de las harcas que se congregaban al olor del convoy. Y cada convoy era una batalla. Meter las municiones y víveres en la posición, un triunfo, no siempre conseguido. Cuando-la furia y el número de moros lo impedía, con la tristeza por el fracaso, quedaba en los corazones la angustia por la situación de los sitiados sin auxilio.

Todas las unidades de la Legión pasaron por la prueba de los blocaos. Había entre éstos uno denominado Mezquita, situado en las vertientes del Gurugú, que todas las noches era atacado con saña. En una ocasión lograron desmantelarlo. Los soldados lo llaman "El blocao de la muerte". El 16 de septiembre, desde el reducto comunican que el enemigo ataca sin cesar y que tiene al oficial y a la mayoría de los defensores heridos.

Entonces ocurrió un hecho que, por lo extraordinario, ha pasado a la novela y al cinematógrafo, y que el comandante Franco relata de esta manera:

"El teniente Águila, que manda las fuerzas de la Legión destacadas en el Atalayen, quiere ir en su socorro, no se lo permiten: sus hombres son necesarios en la defensa de su posición. Entonces reúne a su tropa y pide voluntarios para ir con un cabo a reforzar el blocao durante la noche. Todos se pelean por ir: entre ellos escoge a un cabo y catorce que ve más decididos. Es el cabo Suceso Terrero, cuyo nombre ha de figurar con letras de oro en el libro de la Legión. Saben que van a morir. Antes de marchar, algunos soldados hacen sus últimas recomendaciones. Uno de ellos, Lorenzo Camps, había cobrado hace días la cuota y no había tenido ocasión de gastarla. Hace entrega de las 250 pesetas al oficial, diciendo: "Mi teniente, como vamos a una muerte segura, ¿quiere usted entregar en mi nombre este dinero a la Cruz Roja?"

"Anochece cuando llegan al blocao: el enemigo lo ataca furiosamente y dos soldados caen heridos antes de cruzar las alambradas, pero son recogidos; cuando entran en el blocao, encuentran al oficial gravemente herido; varios soldados están muertos.

"La noche ha cerrado y el enemigo ataca más vivamente: un ene "me fogonazo ilumina el blocao y un estampido hace caer a tierra a varios de sus defensores. Los moros habían acercado sus cañones y bombardeaban el blocao furiosamente. En pocos momentos el blocao "el Malo" había desaparecido, quedando sus defensores sepultados bajo los escombros."

Franco cierra el relato con el siguiente comentario: "¡Así se defiende una posición!... ¡Así mueren los legionarios por España!..."

* * *

Por aquellos días se efectuaron también dos convoyes que alcanzaron resonancia histórica.

Los de Tizza y Casabona.

El primero tuvo la importancia de una batalla, y tanto se extendió la lucha, que los legionarios combatieron en cuatro frentes, y con tal apuro en algunos momentos, que, para socorrer a la posición de Ait-Aisa, el capitán Malagón movilizó a los legionarios y a los rancheros que se hallaban en el campamento y con ellos se lanzó a la pelea, de la que regresó gravemente herido. Otros tres oficiales legionarios resultaron también heridos ese mismo día.

El convoy de Casabona, el 8 de septiembre, fué también épico: para impedirlo se concentró una harca numerosa como pocas veces se había visto. Legionarios y regulares se lanzan al asalto. Todas las tropas combaten con una bravura ejemplar. "Los muertos y heridos se multiplican. Cae a nuestros pies, herido de muerte—describe Franco—, el valiente Blanes, el aristócrata granadino, abanderado de la primera Bandera. Cuando le llevan, grita: ¡Viva España! ¡Viva la Legión!"

Al teniente Sanz Prieto le retiran del parapeto con la cara ensangrentada. Un balazo en la boca. Inicia un ¡Viva la Le...! No puede terminar. El teniente Vila llega a las ambulancias con los brazos destrozados. El combate continúa. El jefe de la Legión tiene que tomar el mando de toda la línea, pues ahí teniente coronel González Tablas, que mandaba los Regulares, le han herido. El tributo de la Legión en aquella jornada no ha terminado. El teniente Penche muere de un balazo en la cabeza cuando disparaba con una ametralladora. El teniente Manso cae también herido...

Pero todas las resistencias las fué rompiendo el coraje de nuestras tropas, y el convoy entró en Casabona. El general

Sanjurjo, que había vivido horas de zozobra, sale a esperar el regreso de los triunfadores. Abraza, emocionado, a Franco.

Las bajas de la Legión pasan de noventa: la tercera parte de los hombres que habían entrado en combate. La orden general del Ejército del día 10 de septiembre dice: "El Tercio de Extranjeros y las fuerzas Regulares de Ceuta, núm. 3, se han cubierto una vez más de gloria..."

La Reconquista de Melilla

Al cumplirse el año de la creación del Tercio, rodea a éste una aureola de heroísmo casi legendario. Cuatro meses de guerra le han bastado para conquistarla. Y de esos cuatro, la mitad en unas intervenciones tan secundarias en la zona occidental, que suponían un fraude para la bravura legionaria. Pero los dos meses que lleva de lucha en Melilla valen por la mejor historia, y no se requieren ni exigen mayores pruebas para saber lo que será la Legión.

En cambio, se repara menos en que ese espíritu de sacrificio, esa moral combativa, esa reacción impetuosa ante el peligro, no ha brotado espontáneamente en las almas de aquellos soldados. No se piensa en los maestros que han inculcado esas virtudes, profesores de energía, y, ante todo, jefes que en la hora crítica de poner en práctica las enseñanzas, las ratificaban con una conducta ejemplar, cara al enemigo.

Millán Astray y Franco fueron de modo especial quienes crearon el clima heroico en el que germinó y se hizo exuberante en dones guerreros la Legión. De aquellos primeros voluntarios— conglomerado heterogéneo arrojado hacia el alistamiento por la resaca de la vida—hicieron unos soldados cuya fama subirá tan alta como la de los "grognards" de Napoleón o la de los granaderos prusianos. De los seis meses de soledad en el campamento de Uad Lau salieron los legionarios del "Blocao de la Muerte" y del convoy de Casabona, y de las batallas victoriosas que se van a librar, porque la hora tan anhelada de reconquistar la zona de Melilla está muy próxima.

La preparación del Ejército liberador ha sido lenta y minuciosa. El Alto Comisario procede con tal cautela, que solivianta a los impacientes, que encuentran "inexplicable la calma y pasividad del general Berenguer". Mas el general sabe todo lo que arriesga, y no compromete nada a la ventura. Informa con detalle de cuanto prepara, no sólo a los generales que le rodean, sino al mismo Gobierno. Entre tanto, Monte Arruit y Zeluán se consumen en un asedio que ha de terminar en hecatombes. Berenguer continúa el recuento de los elementos que le envían. "Esto es un conglomerado de unidades, deficientes todas ellas en material, instrucción y efectivos, pues los batallones oscilan entre 450 hombres con sus compañías de ametralladoras, y hasta que todo esto no esté organizado y convenientemente preparado en todos sus aspectos, desde el del mando hasta el de elementos para marchar, no tenemos garantía alguna de que las tropas puedan combatir con eficacia. Es un caso realmente extraordinario, pues no se trata de reforzar un ejército con elementos nuevos, sino de crear un ejército para combatir al día siguiente."

A fines de agosto hay en Melilla unos 38.000 hombres, pero faltan las municiones, que llegarán de un momento a otro. Hasta mediados de septiembre no se dio la orden de avanzar sobre Nador. "El combate—dice Franco—se espera que sea empeñado, y a todos se nos hacen lentos los momentos que nos separan del camino de la reconquista."

A las cuatro de la mañana del día 17, la primera Bandera salió para concentrarse en la Tercera Caseta. Tres horas después rompen el fuego las baterías de mar y tierra. En el poblado, en las lomas y en las quiebras levantan las explosiones torbellinos de humo.

Se inicia el asalto. A los bramidos de la artillería se suman ahora los estampidos del "paco" y el castañeteo mordiente de las ametralladoras.

El comandante Franco se encuentra con sus legionarios en la primera línea, apercibiéndose para atravesar la barrancada y subir a las lomas de Nador. Toda la zona se halla bajo el tiro del enemigo. Millan Astray llega a las avanzadas para estudiar el terreno. Se acerca a Franco, que está en pie junto a los soldados que disparan desde la trinchera. El jefe de la Legión escucha la explicación que aquél le da sobre el avance. Mas de pronto se desploma, llevándose las manos al pecho, donde la bala le ha abierto un borboteo de sangre. ¡Viva la Legión!, exclama. Franco ayuda a colocarlo en una camilla: en seguida vuelve a su puesto, agita su roten y grita: ¡Vamos! Los legionarios cruzan la barrancada y coronan en un asalto impetuoso las lomas del Monte Arbós.

Aquella noche, de regreso a su campamento, los legionarios atraviesan Nador, que está impregnado de una pestilencia insoportable. "Los muertos se amontonan en las casas y patios..."

Ha comenzado la reconquista.

* * *

Siete días después, en un nuevo avance, las tropas españolas llegan a Tahuima y recuperan la Cuarta Caseta y el Aeródromo.

A la iniciación de la ofensiva, el enemigo, que parecía algo aletargado y muy entretenido en el disfrute del botín que le rindió el desastre de Annual, se sobresaltó, temeroso de que las tropas españolas aparecieran en las cábilas que consideraban inexpugnables. Los cabecillas recorrieron el territorio llamando a la guerra, y en breve plazo congregaban ante nuestro frente unas harcas impresionantes. Sólo la cercana a Sebt "reunía cinco mil hombres, y la presencia de rífenos les daba mayor carácter ofensivo". La concentración de Segangan era de 3.500 guerreros del Riff.

El avance hacia Sebt se consideraba "como una de las operaciones más delicadas y difíciles de las que imponía la reconquista, tanto por las condiciones del terreno, favorables al enemigo, como por ser el punto donde más fácilmente podía concentrar grandes contingentes con fáciles accesos para su reunión o dispersión. Para juzgar de su importancia, basta señalar que ellas nos darían el Gurugú".

El día primero de octubre se realiza dicha operación. La columna de Sanjurjo, en la que forman los legionarios de Franco, tiene que ocupar la antigua posición de Ulad-Dau, en la meseta del mismo nombre.

La batalla, que se inicia al alborear, no terminará hasta la noche. El enemigo sabe lo que se juega, y resiste hasta la muerte sin retroceder. El propio Abd-el-Krim está al frente de sus tropas, algunas de las cuales visten traje caqui y maniobran a la europea. "Un día duro, una verdadera batalla—dice el Alto Comisario—; pero un día también hermoso de gloria para nuestras armas, tanto por la bizarría con que se ha batido la tropa, logrando vencer a un numeroso enemigo que no cedía el campo hasta que se llegaba a él, como por la precisión con que han maniobrado las columnas y pericia demostrada por sus jefes."

Franco hace en su diario el balance de pérdidas de la Legión en esta jornada: el teniente Águila, gravísimo; el teniente Urzáiz, grave; el capitán Franco Salgado, herido; el teniente España, herido; el teniente Calvacho, herido de dos balazos; el teniente Montero, grave. 143 bajas de tropa.

En lo más fuerte del combate, cuando el comandante Franco se acercaba a los Regulares de Ceuta, que encontraban una gran resistencia, para armonizar el avance, vio caer herido al teniente coronel que los mandaba en sustitución de González Tablas.

Aquel teniente coronel de Regulares se llamaba Emilio Mola.

* * *

A partir de este momento las operaciones se desarrollan con breves paréntesis de calma, para asegurar lo conquistado. A la victoria de Sebt sucede la ocupación de Atlaten. La primera y segunda Banderas asaltan la antigua fortaleza y sobre el fortín central clavan las enseñas. Al pie de ellas agoniza el legionario que colocó una de las dos banderas. Es un negro atiético.

En paseo militar se reconquista el campamento de Segangan. Son consecuencias del triunfo de Sebt. El enemigo se ha replegado hacia el Gurugú, en busca de refugio y de defensas naturales, y hay que ir a desalojarlo de los barrancos y de las crestas, a las que han subido los harqueños piezas de artillería, con las que hostilizan la ciudad de Melilla.

La operación se realiza el 10 de octubre, glorioso, en frase de Franco, en la historia de la Legión.

A la columna de Sanjurjo, en la que forman las dos Banderas, se le confía la ocupación de Taxuda, para contener a la fuerza enemiga que por allí acudirá a impedir el avance de las demás columnas. Tan pronto como se hayan ocupado Hardú, Basbel y Takigriat, la columna de Sanjurjo iniciará su repliegue, que debe llevarse con exquisito cuidado y precaución.

La concentración se ha efectuado de noche. Cuando sale el sol, Sanjurjo revista a sus tropas montado a caballo y con chaqueta de pijama.

Los legionarios tienen que apoderarse de unas crestas de roca esponjosa que están infestadas de enemigos. Pero no es eso lo peor. Esas vanguardias son la protección del grueso de la harca, que descarga toda su furia ofensiva contra la columna de Sanjurjo. Y a poco la batalla alcanza su máximo fragor. Las camillas van y vienen de las guerrillas al puesto de socorro. "Los harqueños hostilizan como nunca." Mientras las otras columnas realizan con relativa facilidad su cometido y alcanzan las cimas del Gurugú, la de Sanjurjo tiene que sostener, en un esfuerzo desesperado, el ciclón rifeño, que a todo trance quiere romper el cerco para atacar por retaguardia a las tropas españolas.

La columna de Sanjurjo va siendo diezmada. El batallón de la Princesa se queda sin oficiales.

El capitán Cobos, de la Legión, el "as de las ametralladoras", cae con un balazo en el vientre.

—¿Qué ha sido?—le pregunta Franco.

—¡Nada, no es nada!—responde el capitán con los ojos vidriados por la muerte.

El enemigo acosa de todas partes. Las peticiones de auxilio llegan incesantes. Franco se multiplica. Del sector de la izquierda le piden refuerzo de elementos. Cuando visita la línea que ocupa la sexta Compañía de ametralladoras, le solicitan una protección de legionarios porque el enemigo está a dos pasos. "En los puntos amenazados—dice Franco—volcamos nuestros hombres y nuestro espíritu.

"El enemigo se echa encima con gran arrojo. El coeficiente moral de las tropas peninsulares es sobrepasado y el frente de la izquierda vacila en algunos puntos."

Se acaba el día y el combate sigue con más furia que en sus comienzos. Como abundan las bajas, los acemileros tienen que abandonar los mulos para ir a la primera línea. El enemigo está pegado a las vanguardias españolas y la retirada se hace difícil.

Franco ordena la colocación de unas ametralladoras de otro cuerpo para proteger el repliegue. Su ayudante, barón de Misena, regresa y le dice que se ha cumplido su orden.

Fueron sus últimas palabras. Al instante cayó fulminado por un balazo en la cabeza.

Dos soldados de la guerrilla conducen su cuerpo exánime hacia el puesto de socorro donde están los cadáveres de los tenientes Moore y Rodrigo, legionarios, y a donde llega poco después el teniente Echevarría, ayudante de la segunda Bandera, con su cara ensangrentada... Hay un desfile incesante de camillas. El capellán, con la estola sobre los hombros, se inclina sobre cada herido o moribundo y lo absuelve... Los camilleros se alejan con su doliente carga.

Las tropas llegan a Atlaten de noche, con todas sus bajas, mientras la artillería enciende en los montes rápidas llamaradas y el trueno de las explosiones se despeña con sordo rumor de océano enfurecido.

Franco se ha mostrado en este combate, dirá el general Sanjurjo en su relación de distinguidos, como el "jefe intrépido que en los momentos críticos contribuyó con su sangre fría y ejemplo al frente de sus tropas a restablecer la situación, rechazando las acometidas, y siendo aquéllas las últimas en retirarse".

Con esta operación sobre Taxuda, el Gurugú dejó de ser pesadilla y fantasma que atormentaba a Melilla, y la ciudad festejó su liberación.

El camino de Annual

La Legión convalece en el campamento: lleva perdidos más de la mitad de sus efectivos y necesita rehacerse. Repone sus filas con voluntarios que proceden de Ceuta, sin la indispensable preparación guerrera, y a los que hay que instruir.

En la última quincena de octubre se reconquistan Zeluán y Monte Arruit, sin que el enemigo oponga gran resistencia.

¡Zeluán! ¡Monte Arruit!... Vía dolorosa de España. El camino de Annual. El camino del desastre. Los campos, llenos de cadáveres insepultos, con las señales del martirio. Los muros, con manchas indelebles, epitafios escritos por las hogueras en las que se abrasaron los cuerpos. Restos de un ejército en derrota: guerreras y vendajes arrancados a los heridos. Bandadas de cuervos revoloteando sobre aquel festín de carroña y miseria. Con las tropas llegan los familiares de algunos de aquellos mártires, en quienes la fuerza de la piedad y del cariño puede menos que la trágica verdad que tienen ante los ojos. ¡Intentan identificar a los suyos!

España, por sus soldados, repara aquellas profanaciones e ignominias, dando a los muertos el descanso que los cabileños les habían negado.

El comandante Franco arroja su puñado de cierra sobre las fosas donde quedan los mártires anónimos del desastre de 1921.

* * *

En el mes de noviembre se repite la operación sobre Taxuda, para ocupar determinadas posiciones de gran valor estratégico e indispensables para futuras operaciones.

Los legionarios ya conocen aquel camino que sube hasta las rocas esponjosas que dan vista al Telat. La primera Bandera se ha reforzado con numerosos voluntarios sudamericanos, que sienten impaciencia por intervenir en la lucha.

Y no es precisamente un simulacro el combate inaugural. Varias veces tienen que entrar a la bayoneta saltando entre rocas. El sargento Herben, de la segunda Compañía, se despeña por un barranco abrazado a un moro. Poco después, otro sargento, fiel a la tradición legionaria de no dejar herido ni muerto abandonado, rescata el cadáver. El capitán Fortea, de la Policía, que actúa como ayudante de Franco, cae con el pecho atravesado por un balazo.

El triunfo llega rápido, pues el enemigo no resiste el empuje brioso de las tropas españolas, y el general Cavalcanti, que con su Estado Mayor ha presenciado la operación, al llegar el comandante Franco, le felicitan:

—Es el día más grande de la Legión—ponderan. Franco observa:

—Yo creo que fué el día que nos vieron más cerca.

* * *

Hace su aparición el frío. Sobre el campamento de Segangan descargan lluvias torrenciales que dejan los caminos enfangados de un barro rojizo. Días grises y noches glaciales, interminables, y en constante alarma, pues el campamento está dominado por la mole imponente del monte Uisán, que es como un muro de ciudadela inabordable. En las cumbres están los fortines de las guardias moras, y a merced de las sombras se deslizan los "pacos" para hostilizar los campamentos y posiciones. La conquista del macizo, con sus cimas bravias, sus cortaduras verticales y sus barrancadas, exigiría una operación lenta y costosa: sobre que el enemigo se veía muy protegido en su resistencia, no se podía contar con un auxilio artillero, ya que resultaba inútil enfrentar los cañones con aquellas aglomeraciones ingentes de roca viva.

Había, sí, un procedimiento para conquistar Uisán: la sorpresa nocturna. Y tal ocurrencia debía prender en mentes legionarias.

Franco expone el proyecto al general y éste lo aprueba. "Puesto que el tiempo no nos permite ir a Ras Medua, tomaremos el Uisán."

La preparación de la sorpresa exige estudio: conocimiento de los sitios donde el enemigo tiene sus guaridas: caminos que a ellas conducen y preparación de la retirada por si el golpe fracasa. La labor se realiza con gran sigilo.

Ei comandante Franco previene a cuantos han de intervenir en la proeza: los fusiles irán ocultos bajo los capotes para que no cabrilleen los cerrojos: nadie fumará, ni disparará sus armas. Las ametralladoras serán llevadas a brazo. Las municiones serán transportadas también a brazo por treinta hombres.

La salida es a la madrugada. Antes de separarse, Franco se cerciora por los capitanes y tenientes de que todos conocen su misión.

Y se lanzan a la aventura y a la gran ilusión que ya era sueño inquietante de todos los legionarios comprometidos en la descomunal empresa de "raptar" el monte Uisán.

Actúa de guía el capataz de la Compañía Española de Minas del Riff. Los legionarios desfilan como una procesión de fantasmas. No andan, se deslizan pegados a los taludes, a gatas por los barrancos, encorvados y felinos por las hendiduras de las torrenteras. Noche y silencio. "No se escucha el menor ruido; ni un solo tiro ha señalado nuestra presencia." Los legionarios continúan monte arriba...

Con los primeros claros del alba, Franco observa una tenue columna de humo que asciende y se despliega como un cendal. Es de la guardia del fortín de San Enrique. "No hay que perder un minuto." ¡Qué instantes de emoción al subir el último recuesto! Los disparos rompen la claridad matinal. Las guardias moras, sorprendidas, pretenden rehacerse, y entonces de entre aquellos parajes rocosos de soledad y de miedo surgen como a un conjuro los legionarios enardecidos y vociferantes. ¡Arriba! Los intrusos se apoderan del fortín.

El sol de aquel día envuelve en sus primeros oros a la bandera española sobre el pico más alto de Benibu-Ifrur.

* * *

Las operaciones que se realizan en días sucesivos se desarrollan con mayor facilidad, pues el enemigo, cada vez más quebrantado, disminuye en su resistencia. El nuevo Comandante General de Melilla, Sanjurjo, que ha sustituido al general Cavalcanti, es un gran conocedor del territorio, en el que actuó desde el principio de la campaña de reacción. Se posesiona del cargo y reanuda el avance sobre los objetivos que constituían la ampliación ya acordada, ocupándose el día 20 Tauriat Zag y Tauriat Buchid, para cerrar el valle del Masin, y en el frente del Garet las casas de Uld-el-Mir y Kudia Luta, para preparar el salto a Batel: el 21, Batel y Tistutin. El 22 se lanza Sanjurjo a pasar el Kert por el puente, sobre el camino de Kaddur, encontrando fuerte resistencia, que vence con menos de un centenar de bajas. Las fuerzas de choque las manda Franco. Ese mismo día ocupa Kaddur, Kalkul y Ras Tikermin. En menos de tres meses se había desarrollado todo el programa de 1909 y gran parte del de los años 1911 y 1912.

Quienes pensaron que el Kert iba a ser la línea fronteriza que contuviera los avances, se sorprenden del nuevo impulso de las operaciones. ¿Hacia dónde van nuestras tropas? La pregunta motiva agrias polémicas en la Península, y la campaña de Marruecos vuelve a ser eje de la política.

"De España—escribe el general Berenguer—llegaban rumores de cambio de situación, de malestar, de disconformidad con la campaña y su jefe, rumores todos que enervaban a las tropas y hacían más difícil la gestión del Mando. El propio ministro de la Guerra y sus acompañantes—en viaje reciente realizado a Ivíelilla— pudieron apreciar cómo se hacía esa propaganda en el mismo ejército de operaciones. También se hablaba de repatriación de Unidades, lo que despertaba impaciencias no sentidas o dormidas."

"Se iba perdiendo a pasos agigantados la impulsión inicial, que permitiera abordar la reacción con tan favorables auspicios."

Con esta desgana e incertidumbre en las alturas, que afortunadamente no alcanzaba a los hombres que en primera línea tenían el enemigo ante sus ojos, se realizaron nuevas operaciones al iniciarse el nuevo año de 1922. El general Sanjurjo, mediante dos vigorosos y brillantes avances, recuperaba el día 9 de enero Dar Busada y Dar Azugag, y el 10, Dar Drius, que ocupado por primera vez en mayo de 1920 y perdido el 23 de julio de 1921, era recuperado antes de los seis meses de ser evacuado por la guarnición de Melilla.

* * *

¡Dar Drius! Otro nombre de la serie de los solemnes y fatídicos epitafios que designan como estaciones de un vía crucis el calvario que llega hasta Annual. Desde muy lejos los legionarios de Franco presienten lo que les aguarda, por el hedor, que es la última llamada de auxilio de los muertos desamparados. Si la crueldad exigiera un monumento allí donde culminó su saña, ese monumento debiera serle concedido a Dar Drius, que en enero de 1923 ofrecía aquella visión espeluznante de la que Franco alejó a sus legionarios, para evitarles, con el dolor, la exasperación de un deseo de venganza.

¡Qué infamia y qué tragedia! ¡Y qué sufrir el de aquellos españoles, hermanos nuestros, que aquí quedaron en las jornadas de julio, cuando cruzaban por estos caminos envueltos en nubes de polvo, enloquecidos de sed, cegados por el resol africano y mordidos por el acoso de unas hordas ebrias de sangre!...

Sumergido bajo aquella visión, el espíritu militar-de Franco reaparece pronto y se pregunta a la vista de aquel llano, "terreno ideal para combatir": "¿Cómo no se habrá detenido en Drius la triste retirada? Cuanto más se avanza, menos se explica lo pasado."

Y a continuación escribe unas líneas donde su pensamiento se clarea, aun cuando su pluma lo sofrena: "Recorred estos campos: conversad con los soldados y clases que participaron del desastre e interrogad a los indígenas; sólo entonces encontraréis la clave de esa retirada que empezó en Annual y acabó en las matanzas de Zeluán y Monte Arruit."

* * *

A los seis meses de la tragedia de Annual, España se desentendía de Marruecos con la apariencia de preocuparse demasiado de lo que ocurría al otro lado del Estrecho. Y era que Marruecos resultaba el más excelente tema para las maniobras políticas de cualquier género: lo mismo para urdir una crisis, que para desarrollar una propaganda revolucionaria de altos vuelos. "En Madrid, sobre todo, llegaba al máximo la agitación producida por la divergencia de opiniones sobre la actuación: se discutía públicamente la campaña, sus resultados, los propósitos, las aptitudes, el método seguido: unos querían continuarla; otros darla por terminada: se consideraba por unos imprudencia haber pasado el Kert; otros argumentaban calurosamente acerca de la ineptitud del Mando, que no había conquistado ya todo el Riff; se discutía el sistema seguido; quiénes argumentaban con abrumadoras máximas napoleónicas: velocidad, masa, buscar al enemigo donde esté y aplastarlo; algunos se fundaban en las enseñanzas de las antiguas guerras africanas o de las modernas argelinas, o esgrimían las máximas morales del siglo pasado; enseñanzas, argumentos y teorías que desgranaban en público como suprema ciencia del triunfo."

En estas condiciones, se hacía bien ingrata la tarea de los que mandaban en África.

Con la ocupación de Dar Drius había quedado cerrado el ciclo de operaciones aprobado por el Gobierno. Sin embargo, el general Berengüer había propuesto a la Conferencia celebrada en Pizarra extender el avance hasta dejar dentro de nuestras líneas la cábila de Beni-Said, y con ella el Monte Mauro, baluarte de la región del Kert, ocupando un frente desde Drius por Ichtinen y Tuguntz que fuera a buscar la posición de Timayast por el mar, línea que más adelante se podría llevar, si las circunstancias políticas lo permitieran, hasta Afrau.

El 18 de marzo se efectuaba la gran maniobra para la ocupación de la meseta de Arkab y dominio de la de Tikermín, a la vez que se aseguraba un amplio campo de maniobra, para la ocupación de Tugimtz y de Dar Quebdani, y con ello la parte más extensa y poblada de Beni-Said, donde está enclavado el monte Mauro.

Dada la acérrima resistencia que opuso el enemigo, aquel día no se pudo ocupar Tuguntz, que era el objetivo. Las vanguardias hubieron de establecerse y fortificarse a mitad de camino, en unas lomas donde se encuentra un poblado llamado Anvar.

Y allí continuaron, mientras el general Sanjurjo llamaba con urgencia a Franco, que se encontraba en la Península, y el mismo día de su llegada en avión a Dar Drius tomaba el mando de la extrema vanguardia, y se realizaba la operación con tal fortuna, que después de sorprender al enemigo, poniéndole en huida, se conseguían todos los objetivos que no pudieron ser logrados en la operación anterior, con un número reducidísimo de bajas.

Mientras se efectuaban los trabajos de fortificación de las nuevas posiciones, Franco, que con la ayuda de los prismáticos atalayaba sin cesar los diversos sectores del frente, advirtió que en una loma se producía un fenómeno extraño. Las fuerzas regulares, acosadas, empezaban a retroceder. Vio más. Vio cómo en una camilla retiraban al oficial de regulares, distinguiéndolo por la gorra, que sostenía entre sus manos. Franco comprendió todo, y con esa rapidez en la resolución peculiar en él, se lanzó a caballo hacia el lugar donde la confusión y el pánico desarticulaban la línea del frente, para imponerse a los que huían, reintegrándolos a gritos y con impetuoso coraje al puesto de combate. La situación quedó restablecida, y la jornada, que pudo ser fatal, acabó victoriosa.

A la hora del repliegue, el comandante Fontanes, que manda la segunda Bandera durante toda la campaña, cae con el vientre atravesado de un balazo.

Fontanes conoce toda la gravedad de la herida:

—¡Pagés me salvaría!—suspira.

Pero el doctor Pagés está lejos, y el comandante muere en la madrugada. "La Legión está de luto—dice Franco—; ha perdido uno de los mejores jefes. Los soldados están tristes, pero no lloran, porque en sus ojos ya no quedan lágrimas. ¡Han visto caer a tantos oficiales y camaradas!"

En el mes de abril se ocupó Dar Quebdani, con lo que se podía dar por terminada la maniobra sobre Beni-Said, completada el día 11 con la ocupación de Timayats, que cerraba la nueva línea frontera entre Dar Quebdani y el mar, y la de la Alcazaba Roja, que aseguraba el dominio del monte Mauro. Era el final de las operaciones activas e importantes en Melilla. En menos de un mes se había dominado una cábila, la de Beni-Said, que antes había costado diez años el reducir.

El general Berenguer comenta:

"Suceso tan importante pasó completamente inadvertido para España, que lo acogió con frialdad, sin reparar en lo que significaba, que era nada menos que la consumación de nuestra revancha en territorio de Melilla y el punto final del avance."

El comandante Franco fué condecorado con la Medalla Militar, la más alta distinción, después de la Laureada, que le fué impuesta en el campamento de Dar Drius, en una fiesta inolvidable de exaltación del heroísmo.

Franco, jefe de la Legión

No hay paz en Marruecos, por más que los Gobiernos se afanen por conseguirla, y aun cuando en prueba de que decae la guerra se licencian 20.000 soldados de África. No hay paz, ni después de establecida la línea de posiciones en Melilla que limitaba los avances. Hasta allí se ha llegado, mas de allí no se pasará, se dijo. Pero los moros no quieren entender de tales prohibiciones, y el Raisuni, con las asistencias que le ha procurado el hermano de Abd-el-Krim, tiene en armas a los guerreros de Beni-Arós, contra los cuales dirige ahora sus columnas el Alto Comisario, don Dámaso Berenguer, que sólo espera llegar a Tazarut para dar por terminado su mandato en África. Las operaciones se desarrollan por los montes misteriosos de Yebala, jamás conquistados, bajo lluvias torrenciales. Aquellas penosas marchas no quedan sin premio. El día 12 de mayo de 1922 las tropas españolas entran en Tazarut, rompen el secreto del refugio del Raisuni, el señor de los montes de Beni-Arós, que desde aquellos soberbios edificios adornados al gusto oriental y cercados de jardines irradiaba su poder despótico a todas las tierras de Yebala. El éxito se orla con una lazada de crespón. Allí muere González Tablas, aquel gran soldado, primero en el combate, meteoro de la guerra, a quien también le mató su gran amor africano.

Realizado este avance, el Gobierno no permite que se redondee la operación, porque siente prisas irreprimibles por acabar con Marruecos. Insiste para qué se apresuren los licenciamientos, como si estuviera convencido de que cuanto antes se reintegren las tropas a España, antes se terminará la guerra. Procedimiento a lo avestruz, que no podía dar felices resultados.

Viene entonces una época desdichada para nuestra acción en el Norte africano. Se suceden los Altos Comisarios, que ya son civiles, y los Comandantes Militares: unos y otros, a los pocos meses de permanencia en la zona dimiten, tan pronto como se enfrentan con la terrible realidad de los problemas que ofrece la guerra, insolubles para una autoridad precaria, disminuida y mediatizada, como la que ellos han recibido.

Se han repatriado tropas, es cierto; se han trazado en las dos zonas unas líneas con carácter de fronteras inconmovibles, más allá de las cuales está prohibido ir. Pero el enemigo, que no ignora la situación de la Península, no se aviene a mantenerse impasible y respetuoso ante nuestras posiciones. Las ataca siempre que puede y quiere, desbarata los planes trazados en Madrid sobre los frentes inamovibles y obliga con frecuencia a los españoles a modificar las líneas y a jalonarlas de blocaos y campamentos que son otros tantos desafíos a la furia cabileña.

Uno de los comandantes generales se propuso penetrar en Beni-Urriaguel por otro camino, y para ello nuestras tropas ocuparon el saliente de Tizzi-Assa, que amagaba al enemigo por las dos posiciones extremas de Midar y Afrau. Allí se pensó que se iniciaría algún día el avance para invadir el territorio de Abd-el-Krim. La posición estaba en la cima del monte descarnado y bravío, con proa afilada de acorazado. Pero Tizzi-Assa era un infierno. Hostilizada de día y de noche por fuego de fusilería y de cañón, se sostenía con un prodigio de heroísmo. Sitiada con frecuencia, levantar el asedio exigía necesariamente un fuerte combate. El trágico cambio de víveres y agua por sangre.

¡Qué triste fama la de los convoyes de Tizzi-Assa! Solucionar el problema por una serie de operaciones, implicaba una acumulación de fuerzas, cosa para la que no se consideró facultado ninguno de los Altos Comisarios que desfilaron desde mayo de 1922 hasta junio de 1923.

Pero en este mes la urgencia fué tan aguda, que no consintió demoras. El enemigo se situó en posiciones tan estratégicas, que hacía imposible el acceso a la cima. Tizzi-Assa, sitiada, sucumbiría, y los moros esperaban su derrumbamiento como promesa de otro descalabro a lo 1921. A toda prisa son traídas a Melilla las Banderas de la Legión que peleaban en la zona de Larache y que llegan con el barro de Beni-Arós. Los legionarios no conocen el descanso.

Era jefe del Tercio Rafael Valenzuela, que lo mandaba desde que Millán Astray hubo de abandonar este cargo a consecuencia de las heridas recibidas. Valenzuela, "uno de los mejores soldados del Ejército", en expresión de D. Alfonso XIII. Pertenecía Valenzuela a esa heroica oficialidad colonial formada en la guerra. Era alto, fuerte y noble. Un señor con la pistola al cinto, que la empuñaba sólo en las horas críticas, como un cetro. Su valentía tenía una elegancia deportiva. Voluntario para la guerra, conservaba en el combate el gesto imperturbable del que es dueño de sus actos.

Se hallaba en Madrid cuando se comenzó a hablar de la difícil situación de Tizzi-Assa, y apresuradamente salió para ocupar su puesto. Recién llegado al campamento, sin ningún descanso, se presentó al coronel Gómez Morato, que mandaba la columna en la que formaba el Tercio. El coronel le informó de la operación que se proyectaba y de la misión que correspondía a los legionarios. Gómez Morato daba excesivo crédito a las promesas que por mediación de confidentes le habían hecho algunos caídes de que las tropas no encontrarían gran resistencia, pues ésta había sido vencida con determinadas propagandas.

El jefe del Tercio, menos crédulo, no coincidía en las apreciaciones del coronel; mas como éste insistiera, Valenzuela salió del pabellón con una gran pena y con un presentimiento tan hondo, que a la una de la madrugada le encaminaban hacia la tienda de campaña donde dormía un capellán, para pedirle:

—Padre, deseo confesarme, porque dentro de pocas horas voy a morir.

Sorprendió al sacerdote aquella petición a hora tan desusada, y quiso inquirir los motivos, pero Valenzuela por toda respuesta se arrodilló contrito.

Al clarear el día salía para Tahuarda con la misión de despejar el camino. Todo sucedió como su corazón y su inteligencia lo habían previsto. Aquel fué su último combate. A poco de penetrar en el camino que asciende a Benítez, el enemigo rompió el fuego, nutrido, cerrado, constante. Los cabileños, bien agazapados en los barrancos, aguardaban a las tropas españolas para cercarlas. Al llegar a las Peñas de Tahuarda se produjo un instante de indecisión, que Valenzuela lo resolvió lanzándose el primero al asalto al grito de "¡Viva la Legión! ¡Adelante!" Llevaba en una mano la pistola y en la otra el gorro de legionario. En aquel momento cayó para siempre. Con un tiro en el pecho y otro en la cabeza.

La Legión se había quedado sin jefe. ¿Quién lo sustituirá? El nombre está con rara unanimidad en el pensamiento de todos: ¡Franco! Sobre esto no cabían dudas. El propio monarca lo reconoció así.

—No hay quien le supere. Tiene que ser Franco.

Franco debe ser el conductor de esas tropas aguerridas, porque su pasado lo impone. Es el valor y la audacia, unidos a la lucidez y a la voluntad. Pero otra vez surge el escollo que ya era tradicional en la marcha triunfal de su vida. El escollo es la edad. Franco tiene treinta años y no es teniente coronel. Le falta el grado, aunque hay en su favor varias propuestas de ascenso. En el Consejo de Ministros celebrado el 7 de junio se acordó su nombramiento de teniente coronel. Fué el primer ascenso que se concedió en el Ejército en el período 1921-1923.

Franco acompaña al cadáver de Valenzuela hasta Zaragoza, donde es enterrado en la cripta del Pilar con los honores que merecen los héroes.

Y en seguida se reintegra a su puesto. Cuando el jefe se presentó a sus legionarios, éstos le aclamaron como a un caudillo.

* * *

Franco es viejo en la Legión. Mejor dicho, es el primer legionario, y sabe, por lo tanto, a lo que compromete la jefatura que acaban de otorgarle.

Por su parte, los legionarios reconocen que nadie ofrecerá los méritos que Franco para ejercer una jefatura que le corresponde por derecho y por fuero de valor, que es suprema ley para la Legión.

Ese valor que es fundamental en quien profesa el credo legionario, ese desprecio a la muerte en el combate que es aureola y virtud en aquel soldado, no ha hecho de Franco un ser despiadado e insensible a los afectos y a las solicitudes de la vida.

El hombre que educa a sus guerreros en la energía, en la audacia y en la temeridad, cuando se encuentra en el campamento se inquieta por la noticia de la enfermedad de un soldado, acude paternal a la cabecera de un herido y se interesa por las tribulaciones y crisis espirituales que sufren muchos de aquellos hombres de vidas rotas, que tienen sus frondas tronchadas por el vendaval, pero cuyas raíces están sanas y hundidas en un fondo natural de bondad, con ansias de retoñar en una primavera luminosa y serena.

Trata al soldado con el magisterio superior de jefe, y lo quiere como a un compañero: porque con él convive en esas zonas fronterizas del combate donde acaba y empieza la patria. Con los soldados ha compartido las zozobras, penalidades e ilusiones de esa vida de vanguardia en la que falta todo y en la que todo parece que sobra. Ha soportado los fuegos de la canícula y las nieves y nieblas del invierno, bajo una tienda de campaña como las de los soldados, o a la intemperie, identificado por el mismo peligro y unido por el mismo destino.

Por eso Franco es el soldado integral que ejerce sobre sus tropas una influencia que se marca con la fuerza de un estilo. El estilo legionario, que se transmite y perdura al través de los años y de las vicisitudes, que es peculiar de esa infantería colonial y que, cuando otras tropas quieran superarse, se lo imponen como modelo y lo copian.

Espíritu que Franco vio alborear en Ceuta, que contempló fulgurante en Melilla y Tetuán, y para el que sueña una gloria sin ocaso.

* * *

Entre los hechos memorables de esta primera etapa de jefe de los Legionarios, figura la liberación de Tifaruín, posición asediada por el enemigo, donde los sitiados se sostenían con un espíritu indomable.

Había regresado Franco de un breve viaje a la Península, y su llegada había sido comunicada a los defensores de la posición por un mensaje dirigido al alférez Topete, que era el alma de la resistencia, en el que se decía:

"Resistid unas horas más. Franco va en vuestro socorro." El heliógrafo de Tifaruín palpitó de esperanza:

"Si viene Franco resistiremos. ¡Viva España!"

Franco planeó la operación con la seguridad absoluta de realizarla con éxito.

Estudió durante largas horas el terreno, y al fin ordenó a las tropas que se situaran en lugar alejado y peligroso de la posición y en apariencia muy comprometido.

Los que le escuchaban parecían no comprenderle. Pero Franco, con una decisión que no admitía réplica, les dijo:

—Estad atentos y dentro de pocas horas tendréis al enemigo en masa a tiro de vuestros fusiles... Yo voy a atacarle por retaguardia...

Sucedió como el jefe de la Legión lo había previsto. Tifaruín quedó descongestionado y el enemigo fué diezmado en su huida.

Los asediados recobraron su libertad. El comandante Beorlegui fué uno de los primeros que entró en la posición.

Llevaba en sus manos una sandía para aplacar a los sedientos invencibles de Tifaruín.

* * *

El general Fernández Pérez, al hablar de la participación de Franco en las operaciones de Melilla, dice:

'Destaca su aptitud extraordinaria para el mando de tropas... Se excede en el cumplimiento del deber; toma iniciativas cuando las circunstancias lo exigen, con acierto y seguridad que son pruebas palmarias de su valer, de sus conocimientos y del concepto que tiene de la responsabilidad.

"A pesar de su juventud, son características suyas la serenidad en los juicios, lo meditado en sus determinaciones y lo reposado de su actuación, compaginando de un modo admirable estas preciadas cualidades del mando con su valor, que le lleva a examinar desde sitios peligrosos la situación, para fundamentar en la observación personal las determinaciones, siempre acertadas y dentro de lo que aconseja esta guerra, que tan a fondo conoce.

"Se trata de un jefe que se destaca siempre, y que ha puesto de relieve en muchas ocasiones difíciles sus aptitudes para el desempeño de empleo superior; y por ello y por estimar que es obligación del Mando hacer resaltar los méritos de quien como el teniente coronel don Francisco Franco Baamonde los tiene tan acreditados, me honro en proponerlo de un modo especial, y poniendo de relieve la justicia de mi propuesta, para su ascenso al empleo inmediato."

* * *

El 16 de octubre de 1923 Franco va a la Península para contraer matrimonio. Franco logra realizar la ilusión que, por urgencias de guerra, hubo de aplazar en dos ocasiones. Su esposa, Carmen Polo y Martínez Valdés, es una joven de ilustre familia asturiana, que une a su espíritu fino y cultivado y a su graciosa simpatía, una sugestiva belleza. Se conocieron en su primera juventud y se amaron. Ella tenía entonces quince años, y él pocos más de veinte. Era alta, espigada, con unos ojos dulces y acariciantes, con el pelo en crencha y caído en largas y negras trenzas.

¡A qué industrias no hubieron de acudir para verse, sometida como estaba la novia a una rigurosa y paternal vigilancia, contraria a aquellas relaciones! Amor de los días felices y primaverales, que se guarda en el joyero de los recuerdos como el mejor regalo de la vida. El novio a la espera en la puerta del colegio donde se educa la novia, para recoger la mirada que es promesa de fidelidad y de ventura.

Promesa que no malogró la distancia, ni las largas ausencias, ni las vicisitudes de la vida del guerrero, ni la oposición de algunos familiares de la novia, que trataban de convencerla para que no se casara con un hombre temerario que tenía su existencia en constante riesgo. Pero ella se guió por su corazón.

—¿En mi casa—recuerda en estos días—eran entonces "antimilitaristas". Poco después, mi padre seguía con apasionamiento, en los mapas, la marcha de la guerra africana en la que intervenía Francisco.

Don Felipe Polo y Flórez, persona acaudalada y muy conocida en Oviedo, era hijo de don Claudio Polo y Astudillo, catedrático de Literatura en el Instituto, y autor de varias obras muy estimables. La madre de la novia pertenecía a la antigua nobleza asturiana.

La boda se celebró en la iglesia de San Juan, de Oviedo. Fué una fiesta a la que se asoció toda la ciudad, prendada por la simpatía de los novios. Franco, que era gentilhombre de Cámara de S. M., fué apadrinado por el Rey, quien delegó en el general don Antonio Losada, gobernador militar de Oviedo.

Al cabo de un mes, Franco se reintegraba a su mando en Marruecos.

Primo de Rivera y Marruecos

Todavía no ha cumplido un año el Directorio Militar. Primo de Rivera se ha entregado afanoso a la gran tarea de reconstrucción nacional, después de alejar del Poder y de reducir al silencio a las camarillas de políticos que se repartían con escándalo las vestiduras de España, condenada a pasión y muerte. Pero el Marqués de Estella siente pronto el estorbo que traba sus pasos, que embaraza sus movimientos, que distrae su atención, que tuerce sus propósitos. Ese estorbo es Marruecos, el Norte africano, que sigue proyectando su sombra siniestra sobre los caminos de España. Es también un viento malsano y sofocante, que agosta las esperanzas de la patria renaciente y turba a los españoles con intranquilidad y temor.

Se pensó por los últimos Gobiernos detener a las tropas en una línea que señalaba los límites máximos de avance, y ceder a la política las funciones de conquista, con exclusión, en todo lo posible, de las armas.

Primo de Rivera había sufrido también el contagio de esta superstición. Supuso que unos negociadores hábiles reducirían a Abd-el-Krim y al Raisuni, hasta convertirlos en aliados y amigos de España. Ello iba de acuerdo con un criterio firme en el Marqués, de que en Marruecos lo que no se obtuviera por la persuasión era inútil, por lo costoso, pretender conseguirlo por la fuerza, y preferible el abandono, que lo pidió solemnemente en dos ocasiones, jugándose otras tantas los altos cargos que desempeñaba.

Ahora tenía en sus manos los poderes absolutos, y en frente la incógnita de Marruecos, debeladora como siempre y absorbiendo una atención, unos caudales y unas energías que reclamaba España. ¿Qué hacer?

Primo de Rivera, leal a sus convicciones y afirmado en su criterio, vuelve a pensar en el abandono. Mas el Poder esclaviza y obliga con fuerzas que se desconocen o no se sufren cuando se vive alejado de él. Hay unos tratados que comprometen, y una malla de intereses, y un océano de sangre vertida, y un Ejército que se niega a inutilizar los sacrificios que se han prodigado sin tasa en suelo africano.

La solución se impone, pues el enemigo presiona, ataca y cerca nuestras posiciones. "El estado de cosas en la zona occidental se ha agravado considerablemente con el levantamiento de algunas cábilas y la actitud dudosa de otras, provocada por la presencia de partidas de rifeños gomaris, que viene haciendo difícil el suministro y la comunicación con nuestros puestos."

Así decía una nota oficiosa el día primero de julio de 1924, pero la verdad total era que se había iniciado un levantamiento de las cábiais en la zona occidental que había de alcanzar más dimensión e importancia, como lo confesó en otra ocasión Primo de Rivera, que el de 1921 en Melilla.

Todas las posiciones de la cuenca del Lau quedan sitiadas, y el auxilio a las mismas, por su situación entre montañas, por la distancia y por la escasez de fuerzas, resulta casi imposible. Otra vez la angustia trágica de un frente que se desmorona. Y como entonces, Franco con sus legionarios que acuden presurosos al sitio de peligro.

Blocaos y posiciones resisten con un heroísmo de epopeya. Desamparadas entre los bosques y montes de Beni-Said, de Beni-Hassan y de Gomara, sin esperanza de socorro, sin agua ni víveres, aguantan con la mejor bravura española.

Una de las posiciones en más grave riesgo es la de Koba Darsa, a la que se ha pretendido inútilmente llevar convoy por cuatro veces. En la Comandancia de Tetuán se resisten a repetir el intento. No cabía otra solución, si tal puede llamarse, que la de dejarla agonizar sin socorro. Pero alguien apunta:

—¿Por qué no llamamos a Franco?

Franco se halla con sus legionarios en la posición de "García Uña", en Gomara, muy lejos. Mas se decide avisarle para que se persone en Tetuán con toda urgencia. Franco comprende la gravedad de aquella llamada y la atiende en el acto. De madrugada sale a caballo de la posición y baja a la pista de Teután, donde le espera un automóvil. A media mañana está en la Alta Comisaría.

Unas palabras, y lo sabe todo. Koba Darsa se halla en los límites de su resistencia.

—¿Cree usted que sería posible auxiliarla?

—Yo lo creo seguro—responde Franco.

—¿Qué haría falta para ello?

—Que me dieran amplios poderes para realizar la operación tal como yo la concibo.

—Cuente con ello. ¿Para cuándo?

—En el acto. Ahora necesito un barco para trasladarme a Uad Lau...

—Le esperará a usted en Río Martín.

A la una de la tarde Franco llega a Uad Lau y sorprende a los jefes entristecidos por la sombra que sobre su espíritu proyecta Koba Darsa, que se consume en el asedio, sin esperanza de auxilio, ni posibilidad de llevárselo.

El jefe de la Legión exclama:

—Vamos a salvar a Koba Darsa...

En un tablero están los planos, y Franco se inclina sobre ellos, con la avidez visual del cirujano por descubrir el absceso. Uno de los jefes que está a su lado observa:

—El río es infranqueable.

Franco, sin levantar sus ojos de los mapas, le responde:

—No hay que pasar el río...

Allí mismo dicta las órdenes y previene para que se preparen las fuerzas. Reclama que nadie altere sus disposiciones. Dicta a los artilleros el horario para formar las cortinas de fuego protectoras.

Los reunidos se miran con asombro.

—Pero ¿es que vamos a operar ahora?

—¡Ahora mismo!—replica Franco.

Son las tres de la tarde del mes de julio. Nadie ha pensado nunca operar en la hora de fuego solar más agobiante. La tierra africana yace en silencio aplastada por aquel calor de plomo fundido. Las tropas se ponen en movimiento. Media hora después están en contacto con el enemigo, que, sorprendido por el ataque, apenas si intenta rehacerse. A las cuatro y media Koba Darsa, la imposible, quedaba libertada.

La operación fué una obra de artista.

Al caer de la tarde Franco regresaba a Uad Lau. Pidió un vaso de leche. Era el único alimento que ingería desde hacía veinte horas. Porque cuando el día ofrece afanes guerreros y hay que actuar, Franco se olvida de comer.

* * *

La insurrección corre y se propaga y llega a las puertas de Xauen y de Teután, incomunica a estas poblaciones y corta el camino de Tánger.

Inesperadamente, Primo de Rivera, que quiere ver las cosas de cerca, sale para Tetuán y durante su estancia se realizan algunas operaciones que alivian por el momento la situación. Se restablecen las comunicaciones con Xauen y Tánger. El Marqués de Estella recorre el territorio y anuncia que, tanto en esta zona como en la oriental, hay posiciones que, por ser inservibles, deben desaparecer.

El 18 de julio llega a Melilla, y casi a la vez desembarca Franco.

Para entonces ya ha corrido el rumor de que Primo de Rivera trae el propósito de replegar las posiciones de Beni-Said y Tafersit a la línea del Kert. "España—declara el presidente— no puede seguir manteniendo a sus soldados en riscos que tanto trabajo cuesta abastecerlos. Me he afirmado en mis convicciones, que son producto de un concienzudo estudio del problema."

La impresión que el proyecto produce a las tropas la recoge el Marqués de Estella durante la visita que hace a Ben Tieb. Unos letreros significativos a la entrada del campamento expresan el anhelo de las fuerzas de choque. "La Legión no retrocede nunca." Allí están formadas las Banderas con su jefe al frente, que pronuncia un discurso de saludo.

"Este que pisamos, señor presidente—dice Franco—, es terreno de España, porque ha sido adquirido por el más alto precio y pagado con la más cara moneda: la sangre española derramada.

"Cuando nosotros pedimos seguir adelante, no es para nuestra comodidad y conveniencia, pues bien sabemos que, al cumplir la orden de avance, la vanguardia nos corresponde a nosotros y el camino de conquista va regado por nuestra sangre y escoltado por los muertos que dejamos en la marcha.

"Rechazamos la idea de retroceder, porque estamos persuadidos de que España se halla en condiciones de dominar la zona que le corresponde, y de imponer su autoridad en Marruecos."

Durante el "lunch" en honor al ilustre huésped, se produjo un incidente que hubiera sido grave sin la intervención de Franco, que pudo, con gran habilidad, zanjarlo de manera satisfactoria. Pero por si el señor Primo de Rivera apreciase lo ocurrido como digno de sanción, el jefe del Tercio puso el cargo a su disposición.

Por la noche el presidente del Directorio Militar llamó a su despacho al teniente coronel Franco.

Aquella conversación había de dejar una huella histórica en los anales de España. Por de pronto, ya no se hará repliegue en la zona de Melilla.

Franco invita a Primo de Rivera a que medite en la conveniencia de ir a Alhucemas.

—¡Sería tan fácil el desembarco, que acabaría definitivamente con el problema de Marruecos! El Marqués de Estella lo duda: quien como él supone que el abandono de Marruecos será una exigencia que no podrá eludir España, rechazará el consejo que invita a una aventura peligrosa. Pero la voz de Franco aquella noche descubría y allanaba el camino: Alhucemas salía de las lejanías inabordables para acercarse al alcance de la mano. Prodigio de la voluntad y del instinto conquistador de Franco. Desde aquella hora, Alhucemas quedaría como un espejismo hacia el que iría insensiblemente Primo de Rivera como empujado por su destino.

* * *

El presidente del Directorio regresa a España, y Franco a la zona occidental, donde las cosas no van bien. La insurrección hierve en toda su intensidad en el mes de agosto. Vuelven a quedar sitiadas las posiciones del Lau, Xauen y las del macizo de Gorgues, con lo que está en inminente riesgo la seguridad de Tetuán. "Las noticias de Marruecos—se declara en una nota del 12 de agosto—no son satisfactorias... Tanto en nuestra zona como en la francesa se observa un levantamiento general de las cábilas."

Cuatro columnas, una de ellas mandada por Franco, realizan una operación por Beni-Hassan para castigar al enemigo y para atraerlo, apartándolo de las posiciones que tiene sitiadas. Se combate rudamente con unas harcas que tienen al rojo candente su moral combativa y que están muy bien pertrechadas.

Entretanto, la posición de Chentafa ha sucumbido, con un final de epopeya. Días y noches ha resistido la escasa guarnición los ataques de un enemigo considerable. En un solo día han caído diecisiete defensores. Carece Chentafa de agua y de víveres y sólo tiene dos cajas de municiones. El adversario no desiste y no hay esperanzas de auxilio. El jefe de la posición, teniente Vicente San José, es un hombre de temple extraordinario, que no sabe lo que es rendirse. Le faltan elementos, y le van faltando defensores, pero aún tiene un arma con la que proclamar en su agonía la obstinación de su resistencia. Esa arma es el fuego. Antes de consumar sus propósitos, invita a sus soldados para que el que quiera salga de la posición y huya. Chentafa arde poco después; es una pira gigantesca en la que se extinguen sus defensores. Cuando los moros entran en la posición, sólo encuentran cadáveres carbonizados entre un rescoldo de cenizas ardientes.

No se ve final a aquellas feroces luchas que sostienen nuestras columnas, mandadas por los mejores jefes del Ejército español, en barrancadas y desfiladeros, bajo un sol tórrido que asfixia y enerva. Combates que aún hace más penoso la gaba que invade el terreno, obstruye los caminos y es una trinchera natural para el moro.

Aquellos espacios febriles, aquellas espesuras, aquellas soledades, aquellos vacíos de abismo están atravesados por los gritos de angustia de las posiciones sitiadas, sedientas y delirantes: voces de auxilio que las recibe el corazón, aunque no las escuchen los oídos. Atraído por ellas anda Franco con sus Banderas, con la pretensión de llegar a todas, o, por lo menos, de hacerlas saber que no están desamparadas.

Al terminar agosto, la comunicación entre Xauen y Tetuán está cortada. El Bakali nos traiciona y subleva a todos los gomaras. Las posiciones del Lau, abandonadas muchas a su suerte, se sacrifican en silencio en medio de la desolación ardiente de un paisaje dantesco. Algunas han perdido hasta sus comunicaciones heliográficas. Se escriben en silencio nuevas páginas de oro en la historia de los martirios patrióticos.

Solano, defendida por el teniente Rodríguez Urbano, se consume de sed. La guarnición se ha bebido dos cubas de vinagre y acaba bebiendo orines. En Dar Acobba, el teniente coronel Mola, al frente de los Regulares de Larache, inicia una resistencia que será memorable. La posición de Buharrax habrá de aguantar cuarenta y un días de asedio; la de Seriya, defendida por tropas del regimiento de América, setenta y siete...

El 5 de septiembre el Directorio avisa en una nota "que ha creído justificado, dada su composición, trasladarse en parte a Tetuán para allí resolver más pronto y con mayor conocimiento de causa las dificultades que se ofrezcan". A Primo de Rivera acompañan los generales Jordana, Musiera y Rodríguez Pedret. El Marqués de Estella, "con un gesto de arrogancia y decisión innegables, nombróse Alto Comisario y General en Jefe para llevar a cabo, bajo su dirección, el repliegue de nuestras fuerzas en Yebala, sin cesar en su idea, no obstante la oposición de los técnicos y el ejemplo de los reveses sufridos".[4]

El proyecto de Primo de Rivera comprende el abandono de todas las posiciones de las montañas de Yebala y Gomara para mantener la ocupación de lo que se da en denominar "Marruecos útil", que es una franja costera que comprende la carretera de Tetuán a Tánger y Larache y otra que asegure el camino de Ceuta a Tetuán.

El primer comunicado que envía Primo de Rivera desde Tetuán, el día 10, dice así:

"En la noche pasada, después de cuatro horas de intensísimo trabajo, se ha evacuado M'Ter.

Empieza, pues, así a realizarse el plan del Directorio bajo los mejores auspicios."

---

[4] *Marruecos. Las etapas de la pacificación.* General GODED.

LA RETIRADA DE XAUEN

Primo de Rivera entiende que lo más indispensable es aliviar a Tetuán del peligro que sobre la ciudad se cierne y abrir el camino con Xauen, que está cortado por la sublevación de los Beni-Ider. Las posiciones de Gorgues, que son la clave de Tetuán, sufren un asedio que dura veinte días. Si sucumben, al adversario le quedará abierto el camino hacia la ciudad. Se organizan cinco columnas, una de las cuales está bajo el mando de Franco, que acaba de llegar a Tetuán, después de haber protegido el repliegue de las posiciones del grupo Tiguisas. La operación dura dos días y dos noches, 'que tienen que pasar las tropas entre riscos, escalándolos y ganándolos envueltos en niebla y frío húmedo". Quedó, al fin, dominado el macizo de Beni-Hosmar, y Tetuán respiró libre de la opresión que lo estrangulaba.

Poco después se le encomienda al general Castro Girona la misión de socorrer a Xauen. La columna lleva en vanguardia a los legionarios mandados por Franco, que van abriendo a punta de bayoneta aquel camino que serpea entre desfiladeros. El 28 de septiembre llegan al Zoco de Arbaa, el 29 entran en Xauen. Casi a la vez se ha efectuado la evacuación de las posiciones "García Acero" y "Tahar-Berda", del sector del Zoco el Jemis de Beni-Arós, protegida por un batallón de Luchana. El combate que sostuvo con el enemigo fué tan rudo, que perdió el sesenta por ciento de sus oficiales, con su teniente coronel, señor Andrade, y el cuarenta por ciento de la tropa.

Durante cerca de mes y medio permanece en Xauen la columna de Castro Girona, a la que están incorporadas las tropas de franco, que se dedican a auxiliar posiciones y a evacuar otras, poniendo a contribución el ingenio, para, con mil ardides y estratagemas, sacar a las guarniciones y engañar al adversario. A la vez se prepara meticulosamente la salida de Xauen de los diez mil hombres que la guarnecen, rodeados por las harcas que espían el momento de la retirada para caer sobre ellos.

Entretanto, por esta resaca de las columnas las posiciones van siendo arrastradas hacia zonas de salvación; a algunos sitios se llega a punto para asistir a la agonía de los supervivientes. Los defensores de Nauer son sacados en artolas; los de Abada Bajo estaban enfermos de paludismo; los de Buharrax son evacuados en ambulancias.

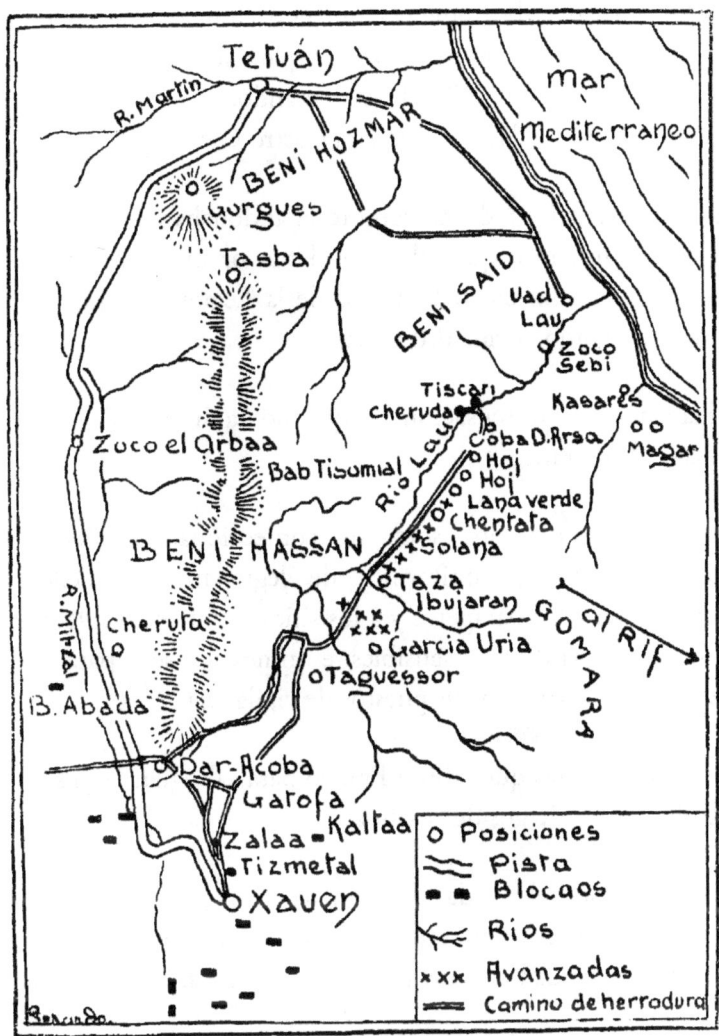

Gráfico de nuestra zona occidental de Marruecos, con las principales posiciones que fueron abandonadas y camino que siguieron las tropas en la retirada de Xauen.

Se aproxima el momento de máxima emoción, la hora sensacional que sólo conocen los jefes y que se mantiene en absoluto secreto: la de la salida de Xauen.

—¡Qué jornadas de tremenda preocupación, qué horas de incertidumbre y de mortal zozobra para los hombres que tenemos la responsabilidad del mando, y de los que dependen tantas vidas!—exclamará Castro Girona.

En la noche del 15 de noviembre abandonaban Xauen las tropas peninsulares, que salen en el mayor misterio. En la ciudad quedan las cinco Banderas de la Legión que manda Franco, haciendo la vida ordinaria.

—Hay que dar la sensación de que no saldremos de aquí nunca—dice Franco.

Durante dos días los soldados confeccionan muñecos, rellenando de paja uniformes de legionarios. Aquellos muñecos van a los parapetos y a los sitios estratégicos. Desde lejos, estas guardias. Insensibles e inmóviles son para el enemigo legionarios en sus puestos de vigilancia.

Son los defensores que arbitra Franco para salvaguardar a sus soldados de los riesgos de la salida.

A medianoche del 17 da la orden de desalojar Xauen. Las compañías salen sigilosamente en formación. Franco abandona la ciudad con los últimos legionarios. Sin disparar un solo tiro.

Al amanecer, los moros que coronan las lomas del camino hostilizan a los legionarios hasta su llegada a Dar Akobba. El jefe de la Legión conserva el equilibrio y la serenidad, que son sus características, aun en aquel ambiente de dolor, porque se desmorona una obra que ha costado inmensos sacrificios.

—¡Con qué pena he dicho adiós a Xauen!—refiere a sus compañeros.

¡Qué difícil para un guerrero conservar esa calma fría e inalterable en las horas tormentosas y sombrías, cuando se sale al campo de batalla, no a recoger laureles, sino a estrujarlos; no a ensanchar las conquistas, sino a mermar el terreno que se ganó con tanto esfuerzo! Pero Franco lucha con el mismo denuedo y con la misma fe que en los días gloriosos, porque es en la adversidad donde se prueba el temple de las almas.

Al día siguiente se efectúa el segundo escalón del repliegue desde Dar Akobba hasta Cheruta, bajo la protección de los legionarios, que ocupaban las alturas de ambos flancos. A las tres de la tarde entraban todas las tropas de la columna de Castro Girona en Cheruta, permaneciendo en vivac. Durante la noche comenzó a llover torrencialrnente. Continuó, sin embargo, el repliegue y al día siguiente la columna de Castro Girona llegó a Zoco de Arbaa en medio de un furioso temporal de aguas, que hizo efectuar el repliegue en un relente de tragedia. A la columna de Castro Girona seguía la del general Serrano Orive, que venía desde Dar Akobba por caminos fangosos.

El viento huracanado envolvía a los soldados en torbellinos entre redes y cortinas de agua.

Así marchaban, trabado su andar por el barro, flagelados por el diluvio, rendidos por la fatiga y el insomnio de largas noches en claro. Con su impedimenta empapada. Los cañones, atascándose a cada instante. Los camiones, hundiéndose hasta los ejes en las charcas. Las ambulancias, con su carga de enfermos febriles y de heridos, sin poder avanzar entre aquella confusión de hombres, cañones y mulos. Y todo este desfile, entre descargas de los combates que en las alturas sostienen los legionarios de Franco, en plena inclemencia, contra el enemigo que intenta caer-sobre aquel ejército que se desdibuja y esfuma en el agua, en éxodo, como el pueblo que se aleja de un cataclismo.

Aplastadas por el vendaval entraron las tropas en el Zoco de Arbaa. El balance de aquella jornada fué bien doloroso. El general Serrano Orive fué muerto por un "paco". Murió también el teniente coronel de Regulares Temprano. Resultaron heridos el general don Federico Berenguer, los coroneles Alvarez Arenas y Losada, y buen número de oficiales, en su mayoría de la Legión.

En el Zoco de Arbaa tienen que resistir las tropas tres semanas, rechazando a las harcas, que insisten con tal empeño en sus propósitos de convertir la retirada en un desastre, que se llega a pensar muy seriamente en la imposibilidad de la salida para realizar la última etapa del repliegue hasta Tarames y Ben Karrich.

Ante aquella incertidumbre y peligro, y como la situación no admitía nuevas dilaciones, Franco reclamó el honor, que le fué concedido, de quedarse con los legionarios defendiendo la posición. Salieron los batallones y en último lugar las Banderas, que hubieron de sostener porfiada lucha con un enemigo que no se avenía a perder aquella oportunidad que se le ofrecía de un triunfo descomunal con espléndido botín.

La retirada de Xauen ha terminado. La más ardua empresa, según la calificó el presidente interino del Directorio, señor

Magaz, que jamás se llevó a cabo por ningún ejército colonial, y en la que salvaron más de cien posiciones. La Legión, al desfilar por las calles de Tetuán, conoce una de sus más fulgurantes horas de gloria. A Franco le sigue insistente la muchedumbre y le envuelve en un trueno triunfal de vítores y ovaciones. Por méritos de guerra es ascendido a coronel.

Primo de Rivera dirá en su elogio, hablando con un periodista extranjero:

—Ninguno ha luchado más, ni con más perseverancia, ni con más capacidad, en Marruecos.

* * *

Abd-el-Krim, ensoberbecido por nuestra retirada de Xauen, se ha proclamado Sultán de Marruecos. Domina en cuarenta cábilas. Tiene al Raisuni prisionero en su poder. Cuenta con el apoyo de algunas organizaciones revolucionarias internacionales. Sueña como un delirante con un imperio que se extienda desde Axdir hasta Agadir y cuya capital será Fez... Y en su vuelo de ambiciones tropieza con la zona francesa.

En la primavera de 1925 los rífenos invaden Beni-Zerual por cinco puntos. Y una vez que la han dominado, atacan Uazan y la zona del Uarga, en las que prende la rebeldía. Francia sufre a su vez el desmoronamiento de sus posiciones, y conoce el calvario de los asedios y de las traiciones. Es el huracán del desastre, que derriba cuanto encuentra a su paso. La ofensiva rifeña amenaza a Fez. Painlevé, ministro de la Guerra, al informar a la Comisión de Hacienda sobre las bajas francesas hasta el 31 de julio, da las siguientes cifras: 1.285 muertos, de ellos 85 oficiales, y 5.306 heridos, de ellos 160 oficiales.

El mariscal Petain llega a Rabat como inspector general del Ejército de Marruecos, estudia la situación y concluye que, "para resolver definitivamente el problema del Riff", es indispensable la colaboración con España. Se llega a un acuerdo. En una entrevista del mariscal con el general Primo de Rivera, queda concertado el plan, que comprende una serie de operaciones, entre las que figura como esencial el desembarco en la bahía de Alhucemas, a cuya acción cooperará una división de la Marina francesa.

El problema de Alhucemas queda, por fin, planteado de un modo definitivo. El dominio de Beni-Urriaguel ha sido considerado siempre como necesario para asegurar la pacificación de Marruecos. Desde 1911, el desembarco en Alhucemas ha sido la obsesión de cuantos se han preocupado por resolver el problema africano.

Franco, el año 1922, escribe en su *Diario de una, Bandera:* "Alhucemas es el foco de la rebelión antiespañola, es el camino a Fez, la salida corta al Mediterráneo, y allí está la clave de muchas propagandas, que terminarán el día que sentemos el pie en aquellas costas."

Dos años después, en un artículo publicado en la revista de tropas coloniales *África*, en la que colabora con frecuencia, refiriéndose al tema de Alhucemas, expondrá la urgencia de salir de las llamadas líneas interiores para atacar el verdadero foco de la resistencia enemiga, pues de lo contrario "se aleja, indefinidamente la hora de la paz".

Durante la estancia de Primo de Rivera en Tetuán, y en los meses sucesivos, el presidente del Directorio plantea con frecuencia el tema de la conquista de Alhucemas a los jefes militares que le visitan.

Lejos de asustarle el proyecto, gusta de recrearse en su estudio y se complace en examinar las posibilidades de su realización.

Cerca del general están los partidarios más fervientes del desembarco, y los pesimistas que lo combaten con mayor ahínco. Primo de Rivera se va con los primeros. Acaba por contagiarse de la fe ciega en el triunfo.

Las conversaciones con Franco son las que más le animan, y por eso las busca.

—Me dicen—le expone un día—que lo de Alhucemas puede ser nuestra catástrofe... Que es casi imposible.

—Contando con el valor, que no puede faltar— responde Franco—, es de una seguridad matemática.

—Sin embargo, me recuerdan el descalabro de los ingleses en los Dardanelos...

—Los que tal dicen no quieren el triunfo de España, ni son merecedores a la gloria de Alhucemas, que es cierta...

—Cierta... Cierta...—repitió Primo de Rivera con acento de desconfianza.

Franco afirmó:

—El país, mi general, no le perdonaría que no terminara usted el problema de Marruecos, y la clave de ese problema está en Alhucemas. Si usted, mi general, no lo hace, lo hará otro, porque no sólo es posible, sino necesario, y perderá usted el éxito y la gloria que allí le esperan para bien de España...

El desembarco de Alhucemas

Ya está decidido ir a Alhucemas. "De cualquier manera que naciera la idea del desembarco en Alhucemas, indudablemente, y de justicia es reconocerlo, la voluntad de ejecutarlo fué por completo del general Primo de Rivera, entonces jefe del Gobierno y General en Jefe del Ejército de África... Absolutamente suya, y mantenida tenazmente contra la opinión y contra la creencia de todos y aun con la desconfianza en el éxito de nuestros propios aliados".[5]

En Ceuta y Melilla se organizan las columnas de desembarco. ¡Cuántos trabajos exigen los preparativos! Se intenta ocupar una base de operaciones donde pueda maniobrar un ejército de unos veinte mil hombres. Y en esa base falta todo: desde agua hasta el elemento más insignificante, pero imprescindible para la vida.

Se van reuniendo barcos, material de guerra y hombres. A los puertos de Ceuta y Melilla llegan buques de guerra, transportes, vapores de la Transmediterránea, barcazas y unas embarcaciones originales que se denominan "Kaes", que ya fueron utilizadas por los ingleses en su desembarco en los Dardanelos. Se congregan tropas de Intendencia, de Ingenieros, grupos de comunicaciones, de zapadores, estaciones ópticas y de radio, ambulancias, baterías, hornos...

---

[5] *Marruecos. Las etapas de la pacificación.* General GODBD.

La columna de Ceuta la manda el general Saro, y la de Melilla el general Fernández Pérez.

Cada una se compone de 9.000 hombres.

Con la brigada de Melilla va el coronel de Estado Mayor Goded, y manda las harcas el comandante Várela. La primera columna de la brigada de Ceuta la manda el coronel Franco, jefe del Tercio.

En sucesivas órdenes se van perfilando los detalles de la operación y se informa a las fuerzas sobre las funciones inmediatas al desembarco: "Nadie se detendrá a recoger los heridos, a excepción de los camilleros." "Los que desembarcan sacarán inmediatamente agua y municiones." "Hay que tener muy presente que la acción enérgica de los oficiales al poner pie en tierra, arrastrando su tropa bajo el fuego enemigo, asegura el éxito de la operación." "Los oficiales podrán llevar a la operación una maleta y una cama de campaña, pero estos elementos no serán des- embarcados en las primeras barcazas." "Los individuos llevarán sobre sí dos días de rancho en frío con pan, sus municiones, doble cantimplora, cuatro sacos terreros, útiles de zapador, paquetes de cura individual, medalla de identidad, pistolas y cohetes de señales e iluminación."

Se cuida de que queden atendidas todas las exigencias, y por ello todas las prevenciones parecen cortas. Un intento de desembarco siempre es peligroso, y mucho más cuando se tiene enfrente a un enemigo aguerrido, numeroso—se calculan en 60.000 los moros en armas—, envalentonado por la retirada de Xauen, y que tiene a su favor un terreno que es cual ciudadela que protege sus playas.

En las órdenes que el general Sanjurjo, jefe de la división de desembarco, y los jefes de las brigadas dictan en los días que preceden a la operación, quedan bien precisas las obligaciones que competen a cada uno.

En la orden del día 2 de septiembre se señala el objetivo a la columna del general Saro, en la que figuran las fuerzas de choque que mandaba Franco: "A las cuatro de la mañana intentará el desembarco por sorpresa en la playa de Ixdain, y, si se logra, procurará con las fuerzas más elegidas envolver las fortificaciones enemigas de Morro Nuevo, estableciendo un frente defensivo de la mayor amplitud posible... Las fuerzas desembarcadas se establecerán lo más fuertemente posible, y especialmente las del general Saro. Constituirán desde el primer momento una base fortificada de manera inexpugnable en la península de Morro Nuevo, la que se considerará como reducto de resistencia y permitirá acumular en ella inmediatamente la mayor cantidad de elementos de todas clases."

En los días 3, 4 y 7 de septiembre, en distintas órdenes de los jefes, se dispone que la brigada de Ceuta se dividirá en tres columnas. La primera se denominará "Vanguardia de desembarco", y estará mandada por el coronel Franco. Se le encomienda lo siguiente:

"Ya la flota frente a la playa de Cebadilla, al rayar el día, previa orden del coronel Franco (que consistirá en señal convenida), las "K" que contienen las unidades de la columna, constituyendo la primera oleada de barcazas, llevando avanzadas y a la derecha de la línea todas las que transportan los carros de asalto, irán a toda marcha hacia la playa, a dejar en la de Ixdain sus cargas de personal y material, efectuándose el desembarco con la máxima rapidez y resolución.

"A medida que vayan saltando a tierra las fuerzas, irán a la carrera, por secciones desplegadas,, a atrincherarse detrás de los carros, haciendo la maniobra que prevenga el coronel Franco.

"Marcha de avance. La iniciación de esta fase será anunciada por el coronel Franco con las señales convenidas por el mismo, a fin de que las baterías de tierra, la flota y la aviación lo tengan en cuenta en el desarrollo de sus fuegos y bombardeo."

Y en una orden que el general Primo de Rivera, como General en Jefe, dictó a las doce del día 7, se disponía:

"El jefe de la columna de vanguardia (Franco) tiene absoluta iniciativa en la elección de posiciones sobre el terreno, marcando su frente y teniendo en cuenta que contará para cubrirlas y necesitará para sus servicios y desenvolvimiento interior la cifra aproximada de 12.000 hombres, con su ganado y material correspondiente."

Y añadía:

"Conocida la operación y su carácter general, el buen espíritu y la iniciativa suplirán las faltas de órdenes; pero quiero insistir en que ninguna operación de desembarco se puede realizar ni sostener sin las siguientes condiciones: primera, sorpresa, es decir, no llevarla a cabo en puntos especialmente advertidos, preparados y defendidos; segunda, mantener libre de fuego la franja de mar precisa para ir y venir y atraque de las embarcaciones auxiliares."

Se le confía, pues, al jefe de vanguardia la elección del lugar de desembarco, se le deja plena iniciativa en todas las funciones inmediatas, y se le confiere la máxima autoridad para las operaciones de avance.

En la tarde del día 7, las flotas de guerra de España y de Francia, y los barcos que transportan la brigada de Ceuta, hacen una demostración ante la playa de Suaní, al este de Morro Nuevo. En días anteriores, las escuadras se han mostrado ante diversos lugares de la costa gomara. Las barcazas motoras "K", panzudas y blindadas, han embarcado el material correspondiente. Cada una de ellas puede alojar 300 hombres en pie. Disponen de un puente corredizo que, proyectado, facilitará el acceso a la playa.

A las cuatro de la tarde, las flotas—una imponente escuadra de ochenta barcos—enfilan en dirección a la bahía de Alhucemas. "Bastante separado de las flotas y cercano a la costa—escribe un cronista de guerra—marcha el mercante *Jaime II,* que conduce al coronel Franco y lleva embarcada en sus "K" la Legión. El jefe del Tercio estudia de cerca la playa de desembarco; pero cuando la nave se aproxima a las baterías rebeldes del Morro, se la ve cambiar de dirección súbitamente y acelerar la marcha para escapar al tiro de aquéllas, entrando en la línea del convoy. Este movimiento repentino y un estampido distinto al de la artillería de la escuadra, evidencia que los rebeldes responden al cañoneo." Con aquel viaje Franco comprueba lo que tantas veces ha estudiado desde el avión en sus repetidos vuelos sobre Alhucemas.

Aquella noche se velan las armas en el Estrecho. Limpio el cielo y aljofarado de luces. Rizado el mar. Los barcos se deslizan como sombras errantes, en pacífico gondoleo. Los acantilados de la costa africana ofrecen la apariencia de una escuadra fantasma, anclada e inmóvil.

De pronto, en las cimas lejanas de los montes del Riff brotan como surtidores rojos las hogueras. El cielo se enciende en resplandores de bronce... Clarines de fuego que anuncian la guerra.

* * *

La columna de vanguardia que manda el coronel Franco la componen las siguientes fuerzas: Banderas 6.a y 7.a, a las órdenes del teniente coronel Liniers; grupo de Regulares de Tetuán, bajo el mando del teniente coronel Fiscer; mejala y Regulares de Larache, con el comandante Villalba; grupos de harcas del comandante Muñoz Grande y de los capitanes Bescansa y Zabalza.

El mar, inquieto, ha disgregado la formación de los convoyes, y hay que rehacerlos, lo que se consigue a las once.

Desde que empezó a clarear el día se inició el rebullicio en los buques rebosantes de soldados. Hay muchas nubes que ciernen una luz gris ceniza. A las ocho de la mañana se rompen con formidable estruendo las cataratas del bombardeo. Rugen los 190 cañones de los barcos—30 de gran calibre—y las 32 piezas situadas en el Peñón. El mar, el aire y la tierra vibran a los latidos de aquella resonancia. Desde el *Dédalo* desatan su vuelo los "hidros" y otros llegan de la base de Mar Chica para sembrar de metralla la parte baja del Morro.

La tierra africana, castigada con aquel infierno, se estremece, cruje, se alza conmovida en súbitas polvaredas volcánicas, en incendios repentinos, en sacudidas sísmicas que llenan los espacios de piedras y ramajes...

A las once y cuarenta las barcazas que constituían las dos primeras olas de desembarco emprenden la marcha remolcadas y rodeadas de otras embarcaciones. Parten hacia la gran aventura. Sobre ellas los cañones tejen una bóveda de silbidos y de fuego. Son once barcazas y en ellas van las Banderas del Tercio, las harcas de Tetuán y Larache y material de fortificación y de ingenieros.

Con los legionarios va Franco, su jefe.

A unos mil metros de la costa, los remolcadores sueltan a las "K" que transportaban las unidades de la columna de vanguardia, y las barcazas, por sus propios medios, con los hombres bajo la cubierta blindada, hacen rumbo a la playa de Ixdain, bajo un fuego poco intenso de cañones, ametralladoras y fusilería enemiga. Contenido por la cortina de metralla de nuestra artillería, el adversario no se manifiesta.

Y llega el momento culminante. Las "K" están ya a cincuenta metros de la orilla. "Se da la orden

—dice el cronista López Rienda—de que avancen las "K" que llevan los carros ligeros de asalto. Pero los puentes de las barcazas no enfrontan bien en tierra. Queda un claro que no pueden salvar los carros. Entonces Franco, este admirable jefe de los grandes aciertos, con la clarísima visión que tiene en el campo, ve que los momentos que se van a desperdiciar son preciosos. Y no titubea en mandar al cornetín de órdenes que toque paso de ataque."

Las fuerzas se lanzan con el agua al cuello y los fusiles en alto. Los legionarios, con Franco, con el teniente coronel Liniers, con los comandantes Rada y Verdú. Las hareas, con sus oficiales. El capitán Rodríguez Bescansa es el primero en llegar a tierra, y desde ella, vuelto hacia los que avanzan, les grita: "¡Viva España!". "¡Viva España!", repiten como salutación los soldados al pisar tierra con sus ropas pegadas y desflecándose en agua, pero con el fusil firme en sus manos. Se organizan rápidamente. Franco ordena el avance: las hareas marchan por el frente y flanco izquierdo, en tanto que las Banderas del Tercio se dirigen por la izquierda a ocupar las alturas que dominan las playas de Cebadilla y Los Frailes, "aumentándose el frente previsto, como consecuencia del desplazamiento hacia el Noroeste". A primera hora de la tarde de este memorable día, 8 de septiembre de 1925, los legionarios dominan las alturas, en las que clavan su guión blanco, que ostenta un nombre amado: "Valenzuela".

* * *

El desembarco ha costado un muerto—el teniente Hernández Menor—y cinco heridos.

Las guardias de Axdir que acudieron a impedir la operación "fueron aniquiladas rápidamente por el empuje y maestría—dice el general Goded—con que el desembarco se efectuó por las fuerzas del coronel Franco".

Y del mismo general son estas palabras: "El frente ocupado por nuestras tropas seguía la línea de alturas inmediatas a las playas de Cebadilla, Ixdain y Los Frailes, extendiéndose desde las estribaciones del monte Malmusi hasta la punta de Morro Nuevo; es una línea admirablemente elegida, que acredita la visión táctica del coronel Franco y que por su fortaleza natural y acertado trazado, permitió resistir las furiosas reacciones del enemigo en los días siguientes."

A la elección del lugar de desembarco contribuyeron también los estudios e investigaciones de un ilustre marino, cuyo nombre no debe faltar cuando se habla de Alhucemas: Carlos Boada, capitán de fragata.

Los días que siguen, en efecto, son trágicos para las fuerzas desembarcadas. El mal estado del mar impide el aprovisionamiento regular. Falta el agua y empiezan a escasear las municiones. Se vive a la intemperie. Como únicos alimentos, las sardinas de lata y el pan de galleta.

A estas deficiencias y rigores hay que añadir los furiosos ataques de los rifeños, que pretenden arrojar al mar a las fuerzas desembarcadas. La columna Goded sufre tremendas acometidas nocturnas.

No sólo el estado del mar es el que impone el paréntesis; hay otra razón. Parte de las fuerzas de la columna de Melilla han tenido que ser llevadas a toda prisa a Tetuán en auxilio de la guarnición de Kudia Tahar, que a costa de cruentos sacrificios consigue contener la avalancha que ha desencadenado Abd-el-Krim para apoderarse de Tetuán. El 13 de septiembre Kudia Tahar queda liberada.

El día 20 han desembarcado ya 15.000 hombres. Una operación de tanteo realizada por las harcas de Muñoz Grande y Várela nos cuesta doscientas bajas y cinco oficiales muertos. La presión del enemigo es cada vez más fuerte. Hay que ir a su encuentro para alejarle.

Dos días después comienza el avance para ocupar los Malmusis y Morro Viejo. Manda la vanguardia Franco, con la consigna de realizar la acción principal desbordante y el asalto. Las tropas de Franco tropiezan con tenaz resistencia al escalar las primeras alturas del Malmusi Alto, produciéndose en la harca y mejala una momentánea vacilación, que fué vencida briosamente por la 6.a y 7.a Banderas del Tercio, dirigidas personalmente por Franco.

"Hay un momento de confusión—escribe un cronista refiriéndose a esta fase crítica del combate—. Las primeras guerrillas de harqueños han tropezado con una línea de minas tendida a lo largo. Las explosiones han hecho retroceder a los harqueños. Pero Franco dispone que dos compañías se lancen al asalto del primer pico de Malmusi. Rápidamente, con las 21 y 22 compañías, a cuyo frente se pone el comandante Rada, los legionarios se lanzan al primer pico de los famosos Cuernos de Xauen, que coronan a poco."

"Hago mención especial—decía el general Saro en el parte oficial—del coronel Franco, que en su actuación brillantísima en este combate, afirmó una vez más el concepto que todos, sin excepción, tienen de su competencia, pericia, valor, serenidad y todas las excepcionales cualidades que hacen de él un jefe digno de todas las alabanzas."

Desde aquellas cimas nuestros soldados dominan el panorama de Beni-Urriaguel. Sobre Axdir se levanta vengadora la espada de España.

El día 30 de septiembre se efectuó otra operación que tenía por finalidad ocupar el monte de las Palomas y Adrar Seddun, límites fijados al Cuerpo de desembarco.

Intervinieron las columnas de Franco, Goded y Vera. La del primero fué la que encontró al principio más resistencia, por la dificultad del terreno e importancia del enemigo allí concentrado.

Tras de durísimos choques, el adversario es arrojado sucesivamente de las cimas, y en un supremo esfuerzo las tropas de Franco asaltan la cumbre del monte de las Palomas y sus últimos defensores se despeñan por las barrancadas. En esta operación cosechan nuevos laureles el comandante del Tercio García Escámez, y Várela al frente de su harca.

El camino de Axdir queda abierto: el día 2 de octubre las vanguardias de Franco envuelven el monte Amekran, y la riada impetuosa de nuestros soldados se precipita sobre el caserío que fué guarida siniestra de Abd-el-Krim, mazmorra de nuestros prisioneros y foco gangrenoso que irradió la rebeldía a todo Marruecos. Las llamas borran y purifican el nombre fatídico.

Auras de triunfo orean España. El pie vencedor, sobre el corazón de la rebeldía. Abd-el-Krim, fugitivo. Los generales Primo de Rivera y Sanjurjo llegan al mediodía a Axdir. Ha sido hoy—dice una nota del Marqués de Estella—día de hondas emociones. Las diversas playas de Alhucemas están llenas de soldados bañándose. La isla, antes prisionera, con toda su gente fuera: el tráfico, continuo desde ella hacia tierra con botes. Los campamentos, tranquilos... En fin, el dominio absoluto del país, como premio al esfuerzo de tanto bravo.

Con la operación del día 13 sobre el monte Xixafen se dan por terminadas las operaciones del Cuerpo de desembarco, y algunos, arrebatados por el optimismo, dan por finalizada la guerra en África. No es así. El invierno paraliza las operaciones, que se reanudan en la primavera de 1926. Durante todo este año y primera mitad de 1927, Marruecos es conquistado mediante una acción inteligente, en la que sobresalen los esfuerzos de Goded, Mola, Castro Girona, Várela, Balmes, González Carrasco, Capaz, Dolía, Sanz de Larín y otros jefes, conducidos por Sanjurjo. El 10 de julio de 1927 el general en jefe dirige una proclama a sus tropas, en la que aparecen escritas con verdad estas palabras históricas:

"Con los movimientos efectuados este día, se han batido los últimos restos de la rebeldía, ocupando la totalidad de nuestra zona del Protectorado y se ha dado fin a la campaña de Marruecos, que durante dieciocho años ha constituido un problema para los Gobiernos.

"El desembarco en Alhucemas, en septiembre de 1925, con el que por primera vez se afrontó resuelta y valientemente la solución de este problema, yendo a atacar la rebeldía en su corazón, fué la base que ha permitido desarrollar la rápida y decisiva campaña que, comenzada en 8 de mayo de 1926, y continuada con perseverante método aun durante el invierno, nos ha permitido dar fin a la rebeldía en quince meses de continuas y fatigosas operaciones, pudiendo hoy este Ejército, que es el de España, decir que ha puesto la palabra "fin" a un problema, quizás el más grave que ha conmovido la vida de la nación en estos últimos años."

Primo de Rivera pide recompensas, "no sólo para hacer justicia, sino para sublimar cada día más, si ello cabe aún, el espíritu militar". Entre los ascensos que se conceden en virtud de méritos contraídos en la campaña de Alhucemas, figura el de Franco, que alcanza los entorchados de general a los treinta y dos años. Le fueron concedidas la segunda Medalla Militar y la encomienda de Comendador y Caballero de la Legión de Honor y del Mérito Militar y Naval francés.

En el dictamen de la Junta Superior de Generales, para resolver el expediente de propuesta de ascenso a general de brigada del coronel Franco, se leen estas palabras, que parecen inspiradas por un vidente: "Es un positivo valor nacional, y seguramente el país y el Ejército obtendrán gran beneficio aprovechando las singulares aptitudes del coronel Franco en empleos superiores."

INVICTO E ILESO

Después de catorce años, casi ininterrumpidos, de vida guerrera activa, Franco vuelve a la Península. Regresa invicto e ileso.

Ha participado en las operaciones de Beni-Arós, en la reconquista de Melilla, en la retirada de Xauen, en el desembarco de Alhucemas, siempre en vanguardia como jefe de fuerzas de choque. Las crónicas de guerra están llenas de referencias a la audacia de Franco. Las balas le respetan como a los santones de las leyendas árabes, que tienen virtud milagrera y convierten la metralla en pétalos de rosas. A lo largo de las campañas africanas—caminos sembrados de cruces—han ido cayendo jefes y oficiales.

Millán Astray fué herido cuando hablaba con Franco. A dos de sus ayudantes y a su abanderado vio Franco desplomarse a sus pies. Murieron González Tablas, Valenzuela, Fontanes, Serrano Orive, Temprano y Arredondo y tantos y tantos otros. De la oficialidad de la primera Bandera, que mandó Franco, no sobreviven el diez por ciento. Tiene capotes y gorras atravesados por balas; le han herido varios caballos de los que montaba; en Alhucemas le sepultó la explosión de una granada...

Todos estos avisos ni le arredran ni le apartan de la zona de peligro, a la que volverá con su calma imperturbable.

La única vez que Millán Astray le amonesta, es por la temeridad con que desafía el fuego en las avanzadas. Sanjurjo le amenaza cariñosamente con desmontarle de un garrotazo, como le vuelva a ver sobre su caballo blanco en la línea de fuego. El cabo de la Legión y escritor Carlos Mico, convaleciente en Madrid en 1922, encuentra a Franco de paso en la capital. El comandante de la Legión va a saludar a su madre y a su novia. "Le contemplo—dice—un poco asombrado, atónito de verlo ileso. Yo le he visto siempre entre un horrísono "barud" y siempre tan indiferente, que, como no llegué a creer en su inconsciencia, tengo que creer en lo que dicen los ocultistas, de que un valor extraordinario hace volver a las balas sobre su camino."

Franco puede repetir con orgullo:

—Yo he visto pasar la muerte a mi lado muchas veces, pero, por fortuna, no me ha conocido...

Mas no todo es suerte. La de Franco es la fortuna que acompaña a los grandes caudillos, y que en buena parte es hija de su perspicacia, y consecuencia de su talento. Franco ha aprendido a hacer la guerra. Y el secreto no se lo calla, sino que lo divulga. El observa que los moros censuran a la mayoría de los oficiales que llegan a Marruecos por "no saber manera" de hacer la guerra. Quiere decir esto que no tienen la malicia del combate, y que se limitan a la aplicación rígida de los reglamentos, sin amoldarlos a la índole especial de la lucha africana.

La guerra de Marruecos es de sorpresas, y Franco, en apariencia tan indiferente, es un desconfiado. En esta desconfianza educa a sus legionarios y con ella consigue—él, que es un avaro de vidas—ahorrar infinidad de bajas. Los soldados lo saben, se lo agradecen y le admiran. Franco conoce la astucia del enemigo, y que éste, tanto como de su fusil, se vale de otra arma poderosa, que es el terreno. Se la recomienda constantemente a su tropa y le enseña a "subir las cuestas con precaución, y gateando, si así conviniese, los últimos pasos, dispuestos siempre a tropezar al enemigo y evitar la sorpresa". "La sección no formará jamás un todo rígido." "El enemigo no llega al arma blanca más que cuando los soldados corren." Para la lucha en las lomas y barrancadas recomienda una práctica que contraría lo preceptuado. Sabe, finalmente, que nada desconcierta al enemigo tanto como la serenidad. En la lucha, el hombre que se conserva dueño de sus nervios, tiene siempre una superioridad dominante sobre su adversario.

Y que contra los terrores pánicos y repentinos que a veces se dan en las tropas y que producen desastres como el de Annual, no hay otro remedio que unos buenos oficiales, decididos y no impresionables, que se mantengan en sus puestos.

Franco llega a dominar la ciencia y el arte de guerrear. En su cabeza caben, en expresión de un famoso crítico militar, un millón de hombres. Es, dice Millán Astray, el prototipo del guerrero que ante el acontecimiento reacciona con inteligencia y energía. Se informa minuciosamente de las condiciones del campo de lucha; prevé con exactitud lo que puede ocurrir y arbitra con rapidez una solución para cada caso. Sabe los recursos con que cuenta y las posibilidades de las gentes que manda. Y a estas cualidades excepcionales une la bravura.

Por todo esto, las situaciones críticas que se le han presentado, con evidente riesgo de derrota, las ha sabido dominar y trocarlas en triunfos. Así ocurrió en el Gurugú y en el monte de las Palomas, donde un enemigo encorajinado y superior en número trató de envolver a las fuerzas de Franco, maniobra que malogró el genio del estratega. Lo que crea la victoria es, ante todo, la acción del jefe, ha dicho el mariscal Foch.

De las numerosas pruebas a que se ve sometido a lo largo de las campañas, sale Franco no sólo invicto, sino triunfador. Jamás, comentaba el general Sanjurjo, dejó de conseguir "Franquito"— como le llamaba cariñosamente—ni una sola vez el objetivo que se le propuso. Siempre alcanzó aquello que se le mandó, por fuertes que fuesen los obstáculos que se opusieran a la realización, por denodado el esfuerzo exigido, por difícil la empresa.

Es una vocación entregada de lleno a su afán. Una voluntad curtida e invulnerable a los eclipses o desfallecimiento. Un temperamento aclimatado a la temperatura bélica. Un espíritu iluminado por la visión de la Patria.

* * *

Franco, en campaña, no conoce la ociosidad, ni aun en los días monótonos de inacción, que invitan al descanso y al pasatiempo en el refugio del campamento o en el casino de la plaza. Pasa las horas atalayando desde el parapeto con ayuda de los prismáticos. Sale siempre que puede a caballo para estudiar el terreno. Levanta croquis y aprende de memoria hasta el minúsculo detalle topográfico, que será importantísimo a la hora del avance.

A esta preparación rigurosa hay que atribuir en gran parte sus éxitos guerreros. Cuando se inicia la marcha, sabe perfectamente por dónde va y por dónde puede venir la sorpresa. Conoce los repliegues y modalidades del suelo que favorecen para la defensa o para la ofensiva. Los soldados le siguen ciegamente, porque aquel estudio que ha hecho el jefe lo ha realizado en obsequio de todos.

De ahí esa fama que le aureola de ahorrador de vidas y de milite de fortuna. Las operaciones dirigidas por él, dan el balance con un mínimo de bajas. Y es que Franco sabe que el secreto de la decisión del soldado está en saberse bien conducido y en que el jefe codicie las vidas de sus hombres como codicia su propia vida.

* * *

Las campañas de África se hicieron casi todas ellas ante la indiferencia de España. Indiferencia que a veces se convirtió en cerrada oposición. La guerra de Marruecos nunca fué popular. Se inició cuando el país estaba todavía convaleciente de sus graves achaques coloniales. Pero la revolución se sirvió de ella para desacreditar al Ejército y a las instituciones, y para soliviantar al pueblo, haciéndole más abrumador y más costoso un problema que una nación menos descompuesta y agitada lo hubiera resuelto sin las catástrofes, hecatombes, crisis y motines que sufrió España.

Por el año 1921, en su primer semestre, una de las fases de esta propaganda contra la guerra de Marruecos es la oposición a los ascensos por méritos de campaña, sostenida en buena parte por algunos militares que no aceptaban otra carrera que la rigurosa de los escalafones. El asunto es tratado en una revista profesional, que aboga por la formación de una oficialidad colonial al margen del Ejército peninsular. Franco está en Xauen, y redacta un artículo, que lo envía a la revista, y que ésta no publica por razones ajenas a la voluntad del director. El trabajo llevaba el siguiente título: "El mérito en campaña", y a él pertenecen los párrafos que copiamos:

"...Mi deseo es sólo presentar a los infantes el peligro que encierra para el Ejército y para la acción militar el querer solucionar estos problemas a distancia, sin que en la balanza llamada de la Justicia se sepan pesar las penalidades y sufrimientos de una campaña ingrata y el gran número de oficiales que gloriosamente mueren por la Patria, acrecentando con su comportamiento las glorias de la Infantería. ¡Ellos son los que hacen Patria!

"El problema militar marroquí es, en general, obra de infantes: ellos forman el núcleo principal de este Ejército, y con los jinetes, en número proporcionado, nutren las filas de las tropas de primera línea. Infantes son los que en las heladas y tormentosas noches velan el sueño de los campamentos, escalan bajo el fuego las más altas crestas, y luchan y mueren sin que su sacrificio voluntario obtenga el justo premio al heroísmo.

"En las recientes operaciones, las dolorosas bajas habidas hablan con más elocuencia que lo que estas líneas pueden decir. Allí murieron capitanes y tenientes de los gloriosos Regulares, oficiales entusiastas que llevaban varios años de campaña con estas tropas, a donde les llevó su gran entusiasmo militar y esa esperanza de encontrar un día el justo premio al sacrificio.

"El premio es el punto sobre el que giran artículos y proyectos, y se habla de oficialidad colonial, como si el porvenir de nuestro Protectorado fuese el sostener aquí un numeroso Ejército, y en la creencia también de que el oficial que con entusiasmo trabaja y se especializa en la práctica de esta guerra aceptaría el renunciar para siempre a su puesto en el Ejército peninsular.

"La campaña de África es la mejor escuela práctica, por no decir la única, de nuestro Ejército, y en ella se contrastan valores y méritos positivos, y esta oficialidad de espíritu elevado que en África combate, ha de ser un día el nervio y el alma del Ejército peninsular; pero para no destruir ese entusiasmo, para no matar ese espíritu, que debemos guardar como preciada joya, es preciso, indispensable, que se otorgue el justo premio al mérito en campaña; de otro modo, se destruirá para siempre ese estímulo, guarda de los entusiasmos, que morirían ahogados por el peso de un escalafón en la perezosa vida de las guarniciones.

"Para nuestra acción africana, a nadie puede ocultarse que, de permitir esas ideas, se acabará el espíritu de nuestras tropas de choque, que si antes tenían numerosos aspirantes a figurar en sus cuadros, hoy se encuentran sin poder cubrir sus bajas de sangre, pues el horizonte que ve el infante es sólo esa gloriosa muerte que poco a poco va alcanzando a los que aquí persisten.

"Midan, pues, los infantes sus pasos, vuelvan la vista a estos campos marroquíes, fijen su atención en estos modestos cementerios que cobijan los restos de tantos infantes gloriosos, y no se les ocultará la necesidad, para la Infantería, de que su unión en apretado abrazo sirva para que, sin regateos injustos, se otorgue el justo y anhelado premio al mérito en campaña."

Este artículo lo recogió Franco en un libro que publicó el año 1922. Se titula *Marruecos. Diario de una Bandera,* y en él hace minucioso relato desde su incorporación al Tercio, con los primeros alistados, hasta los combates finales de la campaña de reconquista de Melilla, en la que de manera tan activa ha participado la primera Bandera mandada por Franco, a la que adiestró para la guerra en Uad Lau y con la que desembarcó en socorro de Melilla.

Compendia en el libro las impresiones de aquellos meses agitados y ardientes, sacudidos por un temporal heroico, durante los cuales la Legión fué ariete implacable del moro, y tropa famosa y ejemplar por su intrepidez y bizarría. Es el dietario de un jefe que sigue con exactitud y puntualidad los incidentes de la Bandera, pero es también vitrina donde el autor guarda con unción y cariño las pruebas de heroísmo de las fuerzas que manda, y acta donde registra y archiva las virtudes guerreras de los que profesan el valor con aquella arrogancia de los gladiadores romanos.

* * *

En el año 1926, a poco de ser elevado Franco al generalato, la 14 promoción de la Academia de Infantería se reunió en el Alcázar de Toledo en homenaje al primero de sus generales.

Los compañeros entregaron al general Franco un pergamino que llevaba la siguiente inscripción:

"Cuando el paso por el mundo de la actual generación no sea más que un comentario breve en el libro de la Historia, perdurará el recuerdo de la epopeya sublime que el Ejército español escribió en esta etapa del desarrollo de la vida de la Nación. Y los nombres de los caudillos más significados se encumbrarán gloriosos, y sobre todos ellos, se alzará triunfador el del general don Francisco Franco Baamonde para lograr la altura que alcanzaron otros ilustres hombres de guerra, como Leiva, Mondragon, Valdivia y Hernán Cortés, y a quien sus compañeros tributan este homenaje de admiración y afecto por patriota, inteligente y bravo."

* * *

Franco se ha alejado de Marruecos, pero su nombre queda incorporado eternamente a este capítulo de la Historia de España. Ha sido uno de sus principales realizadores. En la conquista y en la reconquista. Su participación en el desembarco de Alhucemas no está definida en su total exactitud e importancia en los documentos oficiales, por expresiva y elocuentemente que acrediten la labor y la responsabilidad del jefe del Tercio. Gran parte de esa labor de Franco, lo mismo en el desembarco que en otras empresas marroquíes, se ha perdido en el anónimo, al que es tan inclinado por gusto, por carácter y por exigencias de su sencillez y modestia. Franco rehuye la popularidad: durante la campaña de Melilla de 1921, cuando revuelan los periodistas a la busca de noticias y curiosidades y no hay legionario, ni jefe, ni moro amigo que escape al asedio de la interviú, Franco resulta inaccesible a la avidez periodística.

Está por decir todavía que Franco fué uno de los que redactaron el proyecto de desembarco de Alhucemas, y que el general Primo de Rivera se asesoró especialmente de él cuando decidió su realización. Pero Franco no se contentó con ser el teórico que planea, sino que, una vez aprobado el proyecto, se comprometió a llevarlo a la práctica, como hacen esos autores de las partituras que a la hora del estreno empuñan la batuta y dirigen la orquesta, para no eludir ninguna responsabilidad, ni endosar a otros culpas que pueden ser suyas. Y porque Franco llevaba en su cabeza tan sabidos los planes y las menudencias de la operación, pudo libremente y a última hora efectuar unas "correcciones" a las que Goded atribuye en gran parte el éxito de la empresa.

El Marqués de Estella utilizó también los servicios de Franco en sus negociaciones en busca de una inteligencia con el Ejército francés. El mariscal Lyautey conoció personalmente al jefe del Tercio. El mariscal, como bien lo demostró, era un hombre que sabía leer el porvenir de los guerreros. "Franco y Graziani—dijo—son los dos soldados más relevantes de nuestro tiempo."

Pocos años después de hecha esta profecía, Graziani, "el africano", conquistaba Abisinia. Franco iniciaba la reconquista de media España.

LA ACADEMIA GENERAL MILITAR

Un decreto del Directorio restauró la Academia General Militar, de abolengo en la Historia castrense, en la que ingresarían los cadetes del Ejército para cursar dos años de estudios preparatorios antes de pasar a las Academias Militares especiales (Infantería, Caballería, Artillería, Ingenieros e Intendencia). Se quería con ello crear una verdadera solidaridad espiritual entre todas las Armas que componen el Ejército.

Franco fué nombrado director de la Academia, no sin vencer antes las resistencias que opuso, por considerar que había otros nombres más indicados que el suyo para desempeñar el cargo. Franco era el general más joven de España y de Europa.

Cuando Franco llega a Zaragoza, advierte en seguida que tiene que ser el fundador de la Academia cuya dirección se le ha encomendado. Todo está por hacer: desde los edificios en que han de alojarse los cadetes hasta los cuestionarios para el ingreso. La Academia no es, a principios de 1928, más que un decreto publicado en la *Gaceta*. Pero Franco, desde el instante de su nombramiento, se dedica a prepararse para el cargo que se le ha confiado; estudia, se asesora de técnicos, y más tarde visitará las Escuelas Militares de Berlín y Dresde para copiar de ellas aquello que ofrezcan como más ejemplar y moderno.

Ya en Zaragoza, convoca en una sala del cuartel del Carmen a la Junta Facultativa de la Academia y sorprende a los reunidos con esta declaración:

—Haremos la convocatoria para junio y el curso comenzará en octubre.

Los de la Junta se miran y sonríen. Aquel optimismo del director les parece una bravata. ¡En octubre! ¿Dónde? ¿Cómo? ¡Si falta todo! Pocos días son necesarios para que los escépticos rectifiquen y empiecen a pensar que aquel hombre que les preside es capaz de cumplir lo que promete. Las reuniones se suceden. Por el despacho de Franco desfilan arquitectos, contratistas, maestros de obras, militares. Escribe cartas. Trabaja día y noche. Se reúne con los distintos profesores para redactar los cuestionarios. En el campo de San Gregorio se van elevando los edificios. Un día se publica la convocatoria de exámenes de ingreso en junio. Y en la fecha prevista se celebran en el edificio del Grupo escolar Costa, con asistencia de todo el profesorado.[6]

---

[6] El profesorado que preparó los cuestionarios con el general Franco, y que explicó las asignaturas durante el primer curso, fué el siguiente:
Tenientes coroneles: D. José Monasterio Ituarte (Caballería), D. Alvaro Sueiro Villarino (Infantería), D. Emilio Esteban- Infantes Martín (Estado Mayor), D. Gregorio Berdejo Nadal (Ingenieros) y D. Pedro Yeregui Moreno (Artillería).
Comandantes: D. Antonio Valero Navarro (Sanidad), D. José Cremades Suñol (Ingenieros), D Andrés Riveras de la Portilla (Estado Mayor), D. Gustavo Urrutia González (Caballería), don Francisco Franco Salgado-Araujo (Infantería), D. Camilo Alonso Vega (Infantería), D. Roque Reig Valarino (Artillería), D. Luis Serrano Gómez (Estado Mayor), D. Carlos Rubio López-Guijarro (Infantería), D. Juan Asensio Fernández Cienfuegos (Infantería), D. Julián González Martínez (Artillería), D. Ramón Aparicio Marín (Infantería), D. Pedro Pimentel Zayas (Infantería), D. Arturo Barba Hernández (Infantería), D Celestino Aranguren Bourgon (Infantería), D. Francisco Palacios Bastús (Infantería).

Al acabar estos exámenes, vuelve otra vez la in-certidumbre. ¿Cuando comenzará el curso?

Franco responde:

—En octubre, y en el edificio propio de la Academia.

Y para comprometerse más en su decisión, señala el día 3 de octubre para que se incorporen los 215 aprobados en el ingreso, de los 785 presentados.

El día primero de aquel mes fueron recibidos los edificios del cuartel de tropa, pues el propio de la Academia está todavía en construcción, y en veinticuatro horas quedan los locales acondicionados para recibir a los cadetes. El día 5 de octubre fué la apertura de curso. Una sencilla fiesta militar, la primera manifestación de disciplina y entusiasmo de los cadetes, celebrada en uno de los patios del cuartel, en

---

Capitanes: D. Vicente Cariñena Giménez (Sanidad), D. Eduardo Sáenz Aranaz (Infantería), D. Emilio Fernández Martos (Infantería), D. Ignacio Balanzart Torróntegui (Infantería), D. Mariano Graiño Noriega (Sanidad), D. Ángel González Ostolaza (Artillería), D. Ángel Losada Mazorra (Intendencia), D. Carlos Aymerich Muchos de Baena (Artillería), D. José Fuciños Gayoso (Intendencia), D. Bartolomé Barba Hernández (Estado Mayor), don Luis Carvajal Arrieta (Infantería), D. Gabriel Izquierdo Jiménez (Caballería), D. Pedro Galligo Colly (Artillería), D. Ramón Go-tarredona Prast (Ingenieros), D. Enrique Hernández Enciso (Caballería), D. José Otaolaorruchi Tobia (Infantería), D. Fernando Jordán de Urríes López (Infantería), D. Manuel Vicario Alonso (Infantería), D. Felipe Sanfeliz Muñoz (Infantería), D. Ricardo Panero Buceta (Caballería), D Juan Simavilla Vázquez (Infantería), D. Juan Coll Más (Artillería).

Tenientes: D. Rafael López Várela (Artillería), D. José La-fuentes Burges (Sanidad), D. Antonio Gil del Palacio Mellid (Infantería), D. Nicolás Adeados Beano (Infantería), D. Luis Mateo Cubero (Intendencia), D. Pablo Casado Puchol (Caballería), don José Peñas Vázquez (Caballería), D. Manuel Chamorro Cuevas-Mons (Infantería), D. Francisco González Botija (Infantería), I). Bautista Mari Clerigues (Infantería) y D Manuel Bravo Montero (Infantería).

presencia del general Primo de Rivera, presidente del Gobierno, que quiso asistir a la iniciación de una obra en la que había puesto tan grandes esperanzas.

El general Franco pronunció su primer discurso de Director de la Academia:

"Caballeros cadetes; soldados hoy de nuestro Ejército y en días venideros oficiales de las Armas: Bienvenidos seáis a esta Academia, en que se va a iniciar vuestra vida militar y donde recibiréis las enseñanzas de esta brillante oficialidad de nuestro Ejército, que, fundida en un mismo sentimiento de amor a España y fidelidad al Rey, anhelaba el momento de recibiros y de imprimir en vuestro carácter el elevado espíritu de los soldados españoles. En ellos encontraréis constante guía, ejemplo edificante, pues no en vano atesoran las más puras y acendradas virtudes. A la experiencia de los que, encanecidos en la profesión de las armas, dedicaron su vida al trabajo y al estudio, se unirá la de aquellos otros que, más afortunados en la guerra, pudieron contrastar su pericia y entusiasmo y que hoy cubren su pecho con los más preciados galardones militares.

"Y quiso el destino, que en este día feliz para nosotros de vuestra recepción como cadetes, nos honre presidiendo esta apertura de curso el presidente del Gobierno, general Primo de Rivera, el ministro de la Guerra, Director General de Instrucción, las Autoridades civiles y militares de la plaza y una lucida representación de los veteranos oficiales de la guarnición, los que mañana, continuando nuestra obra, han de ser vuestros maestros, y a cuyo lado habéis de contrastar vuestras virtudes y enseñanzas: y entonces llevaréis a los viejos troncos de los Regimientos la nueva savia de fogosidad y entusiasmo de vuestra juventud y los sanos optimismos de vuestras ilusiones.

"No es nuevo centro de enseñanza el que en este día os abre sus puertas, pues tiene el más rancio abolengo en los anales de nuestra Historia Militar. Se inició en los albores del pasado siglo; fué en el año 1809 cuando surgió la primera Academia Militar con carácter general para varias Armas, y debida al tesón de un insigne artillero, del teniente coronel don Marino Gil de Bernabé, el que supo dar vida en medio de las vicisitudes de la guerra a aquella Academia creada en Sevilla a base del Batallón de Honor de los estudiantes toledanos.

"Catorce años vivió tan lucida escuela, y en tiendas de campaña unas veces, y en antiguos conventos otras, pasó de Sevilla a Cádiz, de Cádiz a San Carlos, y de aquí, después de tener el honor de combatir en Puente Zuazo, último baluarte de nuestra independencia, marchó a las Alpujarras, donde fué disuelta. Pero su recuerdo se mantuvo vivo y de nuevo renace al siguiente año de 1824, y ya entonces—hace más de un siglo—se reconoció la necesidad de que los jóvenes que se dediquen a la carrera de las armas sean educados en los mismos principios y bajo el mismo techo, como así rezaba en la soberana disposición que la creaba.

"Es la azarosa vida del pasado siglo, con sus campañas interiores, la que lleva al Colegio General Militar de Segovia a Madrid, de aquí a Toledo, en donde bajo la dirección del conde de Clonard alcanza justo renombre, hasta que en 1850, después de veinticinco años de vida y de dar a la Patria los más preclaros generales del pasado siglo, de nuevo los partidismos interiores motivan su disolución.

"Treinta y dos años de ausencia no bastan para apagar su recuerdo, y en 20 de febrero de 1882, su majestad el Rey D. Alfonso XII, dando satisfacción a los anhelos del Ejército, crea la Academia General Militar.

"Brillante e inolvidable fué la vida de este Centro para los que formaron en sus filas, muchos de los cuales figuran hoy a la cabeza de los escalafones militares del Ejército, y entre el recuerdo de sus brillantes profesores descuella siempre el de su primer director, D. José Galvis, y el de aquel ejemplar jefe de Estudios D. Federico Vázquez Landa, así como entre los cadetes se eleva hoy el del general Primo de Rivera, que en estos momentos nos preside.

"He aquí en pocas palabras resumida la historia que habéis de continuar y de la que debéis sentiros orgullosos.

"Imitad las virtudes de los que os antecedieron en este puesto, comprendidas en ese Decálogo del Cadete: guardadlo como preciosa reliquia; cuidadlo con los más puros amores, y estoy seguro de que emularéis la historia de aquellos soldados leales, caballeros valientes y abnegados, que durante más de un siglo escribieron las más brillantes páginas de la Historia de nuestra nación. Es la Historia que vuelve. Son las sabias Ordenanzas de Carlos III, que jamás envejecen, es la nobleza de aquellos hidalgos, la que de nuevo anida en nuestros corazones, y es la invicta y heroica ciudad de Zaragoza la que pone el escenario, ofreciéndoos en sus piedras y monumentos la primera y más lrme lección de sacrificios heroicos.

"No es la vida militar camino de regalo y deleite; como os hemos anunciado, encierra grandes penalidades, trabajos, sacrificios; gloria también, mas como las rosas, surge entre espinas.

"No olvidar que el que sufre vence, y ese resistir y vencer de cada día es la escuela del triunfar y es mañana el camino del heroísmo. Y en prueba de vuestros entusiasmos, de vuestros futuros y voluntarios sacrificios, de vuestra disciplina, de la fidelidad inquebrantable a nuestro Rey y de vuestros anhelos por la grandeza de la Patria, gritad conmigo:

"¡Viva España! ¡Viva el Rey! ¡Viva el Ejército!" El general Primo de Rivera cerró el acto con unas palabras de arenga exaltadoras del oficio de soldado, evocadoras de glorias pretéritas y emocionadas, porque en aquel patio, ante sus ojos, se hallaban dos cadetes que llevaban su apellido: los hijos de su hermano Fernando, que murió en Monte Arruit, y que habían de caer asesinados en la gran conmoción de 1936.

* * *

Ya está el curso en marcha. La vida de la Academia se desenvuelve con la seriedad que imprime su director a todas las actividades. Cumplimiento exacto en el régimen interior, educación militar férrea, disciplina rigurosa, que por nada se altera.

El Decálogo del Cadete ordena:

> I.—Tener un gran amor a la Patria y fidelidad al Rey, exteriorizado en todos los actos de su vida.

II.—Tener un gran espíritu militar, reflejado en su vocación y disciplina. III.—Unir a su acrisolada caballerosidad constante celo por su reputación. IV.—Ser fiel cumplidor de sus deberes y exacto en el servicio.

V.—No murmurar jamás, ni tolerarlo.

VI.—Hacerse querer de sus inferiores y desear de sus superiores.

VII—Ser voluntario para todo sacrificio, solicitando y deseando siempre el ser empleado en las ocasiones de mayor riesgo y fatiga.

VIII.—Sentir un noble compañerismo, sacrificándose por el camarada y alegrándose de sus éxitos, premios y progresos.

IX.—Tener amor a la responsabilidad y decisión para resolver. X.—Ser valeroso y abnegado.

Los libros de texto han sido suprimidos y sustituidos por reglamentos oficiales y por explicaciones y conferencias del profesorado, de las que se distribuye a los alumnos un guión o extracto. Se da notoria preferencia al estudio sobre material o armamento, a la práctica y al trabajo en el campo y gabinetes.

Todo atiende y prevé el general Franco: desde la rectificación de la pregunta oscura del cuestionario, hasta los gastos de la manutención de los cadetes, para que no se desnivele el presupuesto de cocina.

Franco, encariñado con la Academia, vive entregado a su obra. Observa vigilante las últimas prácticas y enseñanzas adoptadas por las Academias más autorizadas de Europa, para implantarlas en la de Zaragoza. Pero sobre lo que puede importar, está la aportación de su propio valer, de su experiencia, de su intuición y de su genio, que es, en definitiva, el que resplandece en la Academia y que la va envolviendo en un nimbo de renombre y fama.

La primera jura de la bandera—de la antigua, de la que perteneció a la vieja Academia General—se celebró el 5 de junio de 1930 en el patio de la Reina María Cristina. Asistieron el Rey y el jefe del Gobierno, general Berenguer. Se dijo una Misa de campaña, y al final el general Iborra hizo entrega de la bandera al Rey, quien la puso en manos del general Franco: "Señor—dijo éste—: Hace cuarenta y tres años que la Academia General Militar recibió de vuestra augusta madre, la Reina María Cristina, de imborrable memoria, esta preciada bandera. Recibióla con cariño y afecto, y fué esta bandera preciada enseña de aquel centro, que siempre destacó por su disciplina. En esta bandera se sintetizan las cuatro virtudes cardinales, constituyendo un emblema de abnegación. Los nuevos cadetes de esta Academia General Militar sabrán cumplir bien sus juramentos. Así se lo hemos inculcado. Sabemos que esta bandera representa al Rey, a la Constitución y a la Patria.

"Vosotros, caballeros cadetes, tened presente que ese color rojo es más rojo aún porque ha sido regado con la sangre de varias generaciones de soldados. Que el oro representa la gloria de España y de la Monarquía. Y ahora, rendid los honores. ¡Preparen las armas! ¡Apunten! ¡Fuego!"

Unas palabras finales del Rey, sobre la solidaridad militar. Y a continuación 494 alumnos juraron la bandera. La precisión y ritmo con que maniobraron los cadetes produjo asombro.

—Nunca hemos visto nada parecido—aseguró el Rey al felicitar al general Franco por aquel espectáculo de belleza y marcialidad extraordinarias, a la vez que le invitaba a que fuera a Madrid el batallón de cadetes, para que hiciera guardia en Palacio.

Con ocasión de la muerte de la Reina Madre, el general Franco publicó la siguiente orden extraordinaria:

"Caballeros cadetes: El fallecimiento en el día de hoy de S. M. la Reina D.a María Cristina constituye un día de luto para la Nación y de sentimiento para los buenos españoles.

"Es tan grande el arraigo que en el pueblo español y en su Ejército tenía tan augusta Reina, que las palabras resultan pobres en estos momentos de emoción y de tristeza para hacer el panegírico de su vida y reinado.

"Desde el año 1879, en que por matrimonio con D. Alfonso XII ciñó la corona de España, su figura preside los actos más importantes de la vida de nuestra Nación, y es al fallecimiento de su augusto esposo, en el año 1885, cuando, con la Regencia, echa sobre sus hombros la pesada carga del gobierno de España. Con ella vive y sufre, sorteando las más violentas tempestades de gobernar, en que a la preocupación de los destinos de la Patria, se unió la de los cuidados y educación del Rey niño, al que en mayo de 1902 entrega la corona después de diecisiete años de Regencia. Y tras el solemne acto de la jura, nuestro Rey, ante el aplauso del país, decreta los honores de Reina que durante su vida ha de tener.

"No hay un solo episodio en la historia de su reinado en que no comparta la tristeza o alegría de su pueblo, y no conoció necesidad o tribulación que no atendiese su caritativa mano, y si gratitud le debe la Nación por sus sacrificios y bondades, ¡qué no le deberá el Ejército, objeto de sus desvelos!...

"¡Cuántos oficiales y soldados heridos, al despertar en sus horas de fiebre vieron a su lado sentada a nuestra augusta Reina! ¡Cuántos otros sintieron en sus cuerpos heridos el bálsamo de sus reales manos! ¡Y cuántas madres del pueblo no experimentaron la honda emoción de sentirse sustituidas por la Reina en la cabecera del lecho de sus hijos!...

"Su recuerdo no se borrará jamás de los que bajo su reinado vivimos, y concentraremos, si cabe, más nuestro afecto en su augusto hijo, S. M. el Rey, y Real familia, teniendo siempre por norma: que la fidelidad es la más preciada cualidad del caballero, que debe siempre reinar en el corazón del buen soldado.

"¡Viva España! ¡Viva el Rey! Vuestro General Director, *Francisco Franco.*"

* * *

El día 8 de octubre de 1930 visitó la Academia el príncipe de Asturias. En la visita del príncipe vio el general Franco una excelente oportunidad para poner término de manera cordial a un viejo pleito en la vida española, que reverdecía en

Zaragoza: la pugna entre cadetes y estudiantes de Universidad, que era endémica en las ciudades donde aquéllos coincidían. También en la capital aragonesa apuntaba la rivalidad, y Franco se prometió acabar radicalmente con ella. Reciente era un incidente que creó un estado de perturbación entre cadetes y universitarios, cuyas relaciones ya tirantes amenazaban romperse con estrépito. La visita del príncipe ofreció la coyuntura que Franco buscaba. Fué con ocasión del banquete celebrado en el comedor de la Academia en honor de su alteza. El general envió al rector de la Universidad, señor Rocasolano, un buen número de invitaciones para los estudiantes y éstos fueron colocados en la presidencia de cada una de las mesas que ocupaban los cadetes. La fineza conmovió a los universitarios, y la rivalidad se trocó desde aquel día en una relación cordial. Los estudiantes correspondieron a los cadetes con una fiesta en la que los puestos de honor fueron para los alumnos de la Academia.

Las armas y las letras se comprendieron y vivieron felices.

* * *

También en este mes de octubre de 1930 la Academia recibe una visita que será memorable. La del ministro de la Guerra francés, Maginot, a quien le acompaña el embajador de España en París, señor Quiñones de León, y el general francés George.

Maginot, el hombre a quien Francia debe sus mejores defensas de hoy, impulsor clarividente de la fuerza armada de su patria, no oculta su asombro por lo que ve. Es, dice en su elogio, sin disputa el primer centro de enseñanza militar de Europa.

El ministro de la Guerra impuso a Franco las insignias de Comendador de la Legión de Honor, y, en el banquete con que fué obsequiado Maginot, el Director de la Academia rindió un homenaje al hombre que "renunció a su carrera política y lo sacrificó todo al estallar la gran guerra, para ponerse corno simple soldado ai servicio de la nación". "De cómo la servísteis en el frente—añadió Franco—responden vuestra historia y las honrosísimas heridas. Por todo ello, a la satisfacción de recibir al ministro de la nación amiga, se une algo para nosotros muy querido: la del camarada francés, de ese glorioso Ejército que en la campaña de Marruecos hemos aprendido a conocer y admirar, al combatir juntos por la causa de la civilización y del progreso."

Un ministro como Maginot, a quien le interesaban profundamente las cuestiones militares, no podía hacer una visita formularia a una Academia en la que descubría organización y enseñanzas ejemplares. Se informó de los métodos que se seguían, de las asignaturas que componían el curso y de la forma en que se había seleccionado el profesorado. Supo entonces que la mayoría de los profesores habían hecho la guerra en África y que el que menos contaba con cinco años de campaña.

Maginot, a su regreso a París, resumió la impresión que le había producido su visita a la Academia general con estas palabras:

—Es, no ya un organismo modelo, sino el Centro, en su género, más moderno del mundo. España puede jactarse de que su Escuela de oficiales es la última palabra de la técnica y pedagogía militar. El general Franco, aunque joven, me pareció un caudillo maduro y un director lleno de experiencia, de visión y de psicología del mando. Presencié el desfile de los alumnos. Un ejército encuadrado en el plantel de una oficialidad semejante, sería un ejército envidiable y temible.

En noviembre de 1930 el general Franco asiste al curso de generales y coroneles que se celebra en Versalles, como preparación para el alto mando. Se estudian problemas tácticos sobre planos, movimientos de tropas en el campo y temas de estrategia. En una de las sesiones se originó una discusión. Franco tomó la palabra y, frente a una pizarra, comenzó a desarrollar su pensamiento. Las voces se apagaron e imperó el silencio. Generales y coroneles se fueron acercando a Franco y la asamblea de aquel día se convirtió en una lección que el general español dio a los estrategas de todos los países congregados en Versalles, que escuchaban al más joven general de Europa absortos y admirados.

LA REPÚBLICA

Unas elecciones municipales permiten —caso insólito— que la España que se durmió monárquica se despierte el 14 de abril de 1931 con gorro frigio.

Los propios republicanos son los primeros sorprendidos por aquel triunfo que corre las calles y se les mete en casa como un ciclón. Y, al olor de ese triunfo, brotan republicanos, con la pasmosa multiplicación de los contagios. Pocos resisten a aquella influencia que lo invade todo. Quien tiene alguna relación con el Estado, estudia la manera de hacerse lo más grato posible al nuevo régimen con un excesivo y desbordante adhesionismo.

Al día siguiente de instaurada la República, el general Franco da conocimiento del suceso a la Academia General con una orden que es modelo de sobriedad y de decoro:

"Proclamada la República en España, concentrados en el Gobierno provisional los más altos poderes de la nación, a todos corresponde en estos momentos cooperar con su disciplina y sólidas virtudes a que la paz reine y que la nación se oriente por los naturales cauces jurídicos.

"Si en todos los momentos han reinado en este Centro la disciplina y exacto cumplimiento en el servicio, son aún más necesarios hoy en que el Ejército necesita, sereno y unido, sacrificar todo pensamiento e ideología al bien de la nación y a la tranquilidad de la Patria."

Dos días después, en Madrid se rumorea que el Gobierno de la República va a designar a Franco para la Alta Comisaría de España en Marruecos, y algún periódico publica la fotografía del general y da como cierto el rumor. Franco lo rectifica en una carta que dirige con fecha del 18 de abril al director de *A B C*, y en la que dice "que ni el Gobierno provisional ha podido pensar en ello, ni yo había de aceptar ningún puesto renunciable que pudiera por alguien interpretarse como complacencia mía anterior con el régimen recién instaurado o como consecuencia de haber podido tener la menor tibieza o reserva en el cumplimiento de mis deberes o en la lealtad que debía y guardé a quienes hasta ayer encarnaron la representación de la nación en el régimen monárquico. Por otra parte, es mi firme propósito respetar y acatar, como hasta hoy, la soberanía nacional, y mi anhelo que ésta se exprese por sus adecuados cauces jurídicos".

Estas y otras cosas hacen que desde aquel momento los que sufren la súbita congestión republicana que recomiendan las circunstancias, acusen a Franco de tibieza hacia el régimen, para terminar señalándolo como elemento hostil. De la ebullición bullanguera de los primeros días hemos pasado al imperio de los fantasmas, donde los dedos se antojan huéspedes, y en cada esquina se ven embozados que acechan contra la República. Los sopletas y espías funcionan a su gusto, y pronto la Academia General es denunciada como foco de monarquismo peligroso.

A un ministro de la Guerra como Azaña, que ha circunscrito su política a una operación trituradora, no se le puede brindar mejor regalo que el de suprimir, descomponer y pulverizar una obra o institución militar. Y así, ordenó que, con el curso, a una, terminara la Academia General de Zaragoza. La suprimía de un plumazo.

Franco se enteró de la supresión por la prensa, hallándose en las maniobras anuales que realizaba la Academia en los Pirineos. Se resistía a creerlo. ¿Era posible que por pura satisfacción sectaria se deshiciera una obra que garantizaba al Ejército de España una oficialidad modelo, que había de ser la médula y las vértebras de la fortaleza nacional? ¿Qué clase de régimen era aquél, que no consentía lo que era fundamental para el asiento y permanencia de la patria?

El 14 de julio el general Franco se despedía de los cadetes con un conmovedor discurso como orden extraordinaria de la Academia, que produjo sensación en toda España.

"Caballeros cadetes: Quisiera celebrar este acto de despedida con la solemnidad de años anteriores, en que, a los acordes del Himno Nacional, sacásemos por última vez nuestra bandera y, como ayer, besarais sus ricos tafetanes, recorriendo vuestros cuerpos el escalofrío de la emoción y nublándose vuestros ojos al conjuro de las glorias por ella encarnadas; pero la falta de bandera oficial limita nuestra fiesta a estos sentidos momentos en que, al haceros objeto de nuestra despedida, recibáis en lección de moral militar mis últimos consejos.

"Tres años lleva de vida la Academia General Militar y su esplendoroso sol se acerca ya al ocaso. Años que vivimos a vuestro lado educándoos e instruyéndoos y pretendiendo forjar para España el más competente y virtuoso plantel de oficiales que nación alguna lograra poseer.

"Íntimas satisfacciones recogimos en nuestro espinoso camino cuando los más capacitados técnicos extranjeros prodigaron calurosos elogios a nuestra obra, estudiando y aplaudiendo nuestros sistemas y señalándolos como modelo entre las instituciones modernas de la enseñanza militar. Satisfacciones íntimas que a España ofrecemos, orgullosos de nuestra obra y convencidos de sus más óptimos frutos.

"Estudiamos nuestro Ejército, sus vicios y virtudes, y, corrigiendo aquéllos, hemos acrecentado éstas al compás que marcábamos una verdadera evolución en procedimientos y sistemas. Así vimos sucumbir los libros de texto, rígidos y arcaicos, ante el empuje de un profesorado moderno, consciente de su misión y reñido con tan bastardos intereses.

"Las novatadas, antiguo vicio de Academias y cuarteles, se desconocieron ante vuestra comprensión y noble hidalguía.

"Las enfermedades venéreas, que un día aprisionaron, rebajándolas, a nuestras juventudes, no hicieron su aparición en este centro, por la acción vigilante y adecuada profilaxis.

"La instrucción física y los diarios ejercicios en el campo os prepararon militarmente, dando a vuestros cuerpos aspecto de atletas y desterrando de los cuadros militares al oficial sietemesino y enteco. Los exámenes de ingreso, automáticos y anónimos, antes campo abonado de intrigas e influencias, no fueron bastardeados por la recomendación y el favor, y hoy podéis enorgulleceros de vuestro progreso, sin que os sonrojen los viejos y caducos procedimientos anteriores.

"Revolución profunda en la enseñanza militar, que había de llevar como forzado corolario la intriga y la pasión de quienes encontraban granjería en el mantenimiento de tan perniciosos sistemas.

"Nuestro Decálogo del Cadete recogió de nuestras sabias Ordenanzas lo más puro y florido, para ofrecéroslo como credo indispensable que prendiese vuestra vida, y en estos tiempos, en que la caballerosidad y la hidalguía sufren constantes eclipses, hemos procurado afianzar nuestra fe de caballeros manteniendo entre vosotros una elevada espiritualidad.

"Por ello, en estos momentos, cuando las reformas y nuevas orientaciones militares cierran las puertas de este Centro, hemos de elevarnos y sobreponernos, acallando el interno dolor por la desaparición de nuestra obra, pensando con altruismo: Se deshace la máquina, pero la obra queda; nuestra obra sois vosotros, los 720 oficiales que mañana vais a estar en contacto con el soldado, los que lo vais a cuidar y a dirigir, los que, constituyendo un gran núcleo del Ejército profesional, habéis de ser, sin duda, paladines de la lealtad, la caballerosidad, la disciplina, el cumplimiento del deber y el espíritu de sacrificio por la Patria, cualidades todas inherentes al verdadero soldado, entre las que destaca con puesto principal la disciplina, esa excelsa virtud indispensable a la vida de los Ejércitos y que estáis obligados a cuidar como la más preciada de vuestras prendas.

"¡Disciplina!... nunca bien definida y comprendida. ¡Disciplina!... que no encierra mérito cuando la condición del mando nos es grata y llevadera. ¡Disciplina!... que reviste su verdadero valor cuando el pensamiento aconseja lo contrario de lo que se nos manda, cuando el corazón pugna por levantarse en íntima rebeldía, o cuando la arbitrariedad o el error van unidos a la acción del mando. Esta es la disciplina que os inculcamos. Esta es la disciplina que practicamos. Este es el ejemplo que os ofrecemos.

"Elevar siempre los pensamientos hacia la Patria y a ella sacrificarle todo, que si cabe opción y libre albedrío al sencillo ciudadano, no la tienen quienes reciben en sagrado depósito las armas de la nación, y a su servicio han de sacrificarse todos sus actos.

"Yo deseo que este compañerismo nacido en estos primeros tiempos de la vida militar, pasados juntos, perdure al correr de los años, y que nuestro amor a las armas de adopción tengan siempre por norte el bien de la Patria y la consideración y mutuo afecto entre los componentes del Ejército. Que si en la guerra habéis de necesitaros, es indispensable que en la paz hayáis aprendido a comprenderos y a estimaros. Compañerismo que lleva en sí el socorro al camarada en desgracia, la alegría por su progreso, el aplauso al que destaca y la energía también con el descarriado o el perdido, pues vuestros generosos sentimientos han de tener como valladar el alto concepto del honor, y de este modo evitaréis que los que un día y otro delinquieron abusando de la benevolencia, que es complicidad, de sus compañeros, mañana, encumbrados por un azar, puedan ser en el Ejército ejemplo pernicioso de inmoralidad e injusticia.

"Concepto del honor, que no es exclusivo de un Regimiento, Arma o Cuerpo; que es patrimonio del Ejército y se sujeta a las reglas tradicionales de la caballerosidad y la hidalguía, pecando gravemente quien crea velar por el buen nombre de su Cuerpo arrojando a otro lo que en el suyo no sirvió.

"Achaque este que, por lo frecuente, no debo silenciar, ya que no nos queda el mañana para aconsejaros.

"No puedo deciros, como antes, que aquí dejáis vuestro solar, pues hoy desaparece; pero sí puedo aseguraros que, repartidos por España, lo lleváis en vuestros corazones, y que en vuestra acción futura ponemos nuestras esperanzas e ilusiones; que cuando al correr de los años blanqueen vuestras sienes y vuestra competencia profesional os haga maestros, habréis de apreciar lo grande y elevado de nuestra actuación: entonces vuestro recuerdo y sereno juicio ha de ser nuestra más preciada recompensa.

"Sintamos hoy al despedirnos la satisfacción del deber cumplido y unamos nuestros sentimientos y anhelos por la grandeza de la Patria gritando juntos:

"¡Viva España!"

La alocución disgustó profundamente al Gobierno, y Azaña apercibió de oficio al Director de la Academia.

El efecto lacerante del discurso duraba todavía, cuando Franco, ya disponible, se presentó, como era su obligación, al ministro. Este le dijo:

—He vuelto a leer su orden extraordinaria a los alumnos y quiero creer que usted no ha pensado lo que escribió.

—Señor ministro—replicó el general—, yo no escribo nada que no haya pensado antes.

Sí, lo había pensado. Y si tuviera que escribirlo otra vez—repetía Franco ante sus íntimos—no modificaría ni una coma.

En el discurso estaba condensada la obra de la Academia, lo hecho y lo que prometía para un futuro próximo. Todo quedaba tronchado y roto por la furia política. Franco veía deshecha la obra a la que se había entregado con alma y vida, con todo su entusiasmo militar y toda su vehemencia patriótica.

Pero no era esto solo lo que le inspiró aquel discurso, que era lamentación y aviso, protesta y voz de alerta. Es que veía entenebrecerse los horizontes de España y cómo crecía la descomposición social, por una política gangrenosa cuya acción corruptora era rápida y fatal. Y su grito pidiendo disciplina "cuando el corazón pugna por levantarse en íntima rebeldía o cuando la arbitrariedad o el error van unidos a la acción del mando" reflejaba el enorme esfuerzo necesario para contener el ímpetu con que pugnaba por desbordarse la indignación para acabar con una política que tenía como postulados la injusticia y la ignominia.

A la disolución siguió el ensañamiento. Azaña no consideraba satisfechos sus oscuros y monstruosos rencores si no rubricaba sus decisiones con rasgos de crueldad.

La Academia, que había costado muchos millones para dotarla con las instalaciones más perfectas, laboratorios, instrumentos y máquinas de estudio, campos de maniobras y deportes, fué transformada en cuartel. En pocos meses no quedará ni el recuerdo de lo que fué el primer centro de enseñanza militar de Europa y del mundo.

* * *

Durante cerca de un año, el general Franco no tuvo cargo alguno. En 1932 se le confió el mando de la Brigada de Infantería de La Coruña. Por poco tiempo. "La seguridad de la República" aconsejaba su alejamiento. Azaña dijo a sus amigos:

—Lo mandaré a Baleares para evitarle tentaciones.

En 1933 fué nombrado comandante militar de aquellas islas.

A la vista de la subversión imperante y de los estragos que va causando el proceso revolucionario, Franco sufre aquella depresión que ha ganado a tantos espíritus patriotas. ¿Queda algo por hacer? Ve cómo en todas las actividades nacionales son preteridos y arrumbados los méritos y valores positivos, y cómo suben y se ensalzan aquellos otros decrépitos, postizos y deshonrados que el sectarismo reivindica, pulimenta y exalta. Es la hora de los protervos y de los peores.

En el orden militar, Azaña produce "los congelados". Retrae y coloca al final del escalafón de su categoría a los generales, jefes y oficiales que durante la época de la Dictadura ascendieron por méritos de guerra, fundándose en que en la tramitación no se habían observado los requisitos legales.

Franco, en momentos de confidencia, expone a sus íntimos sus inquietudes y les dice su propósito de retirarse del Ejército para hacerse político: de cambiar su mando de comandante de plaza por un acta, si con ella puede servir más y mejor a España. Sus amigos le disuaden de tal idea. Franco en el Ejército es la suprema, la definitiva garantía.

La que pudiéramos definir como pasajera crisis espiritual, dura bien poco. De nuevo se impone en el general la confianza y el optimismo que rara vez le abandonan, y la fe en los destinos de España.

Habían llegado hasta Madrid estas noticias sobre los deseos de Franco de intervenir en política, y un día, abierto ya el período electoral de 1933, se presentó en Palma de Mallorca un delegado de Acción Popular para ofrecerle al general un puesto en la candidatura por Madrid, con la promesa de reservarle otro puesto en una provincia, a fin de asegurarle la elección.

Esta vez Franco no vaciló. Agradeció el ofrecimiento y no lo aceptó. Era ya su propósito firme permanecer alejado de la política.

Por aquel entonces el general estudiaba con gran interés el desembarco de Jaime el Conquistador en Mallorca y la conquista de la isla por el monarca aragonés. Gran tema para una oposición sobre estrategia, el cual le obsesionaba de tal manera, que muchas veces suscitaba la conversación entre sus compañeros y amigos para dialogar sobre el suceso, colocándolo bajo la lente de la actualidad. ¿Sería posible hoy la conquista de Baleares con defensas modernas? Las islas continúan siendo la seducción del Mediterráneo: el broche de diamantes sobre el regio manto del mar azul. Las exploran una invasión de turistas que sienten extraña curiosidad por conocer la profundidad de sus costas y por retratar los recodos de sus acantilados...

Del estudio histórico pasó Franco al examen de la realidad que tenía ante sus ojos. Baleares estaban indefensas: el artillado de la base de Mahón era ineficaz, pues el rebufo de las piezas de gran calibre inutilizaba las baterías ligeras. El Gobierno había encomendado la misión de artillar la base de Mahón a un militar muy calificado por su azañismo y descalificado como técnico.

Franco elaboró un completo plan de defensa, consagrándose a esta tarea con aquella inteligencia e interés que pone en los trabajos por España. Recorrió con su Estado Mayor la costa en toda su extensión, eligiendo los sitios más apropiados para organizar la defensa de la isla. ¡Cuántas jornadas a pie y a caballo por montes y vericuetos desconocidos para los propios mallorquines!

Los habitantes de Pollensa recuerdan bien aquellas salidas del general Franco con su Estado Mayor al romper el día, para regresar a las cuatro o cinco de la tarde, alguna vez bañados por el temporal. Y era de ver en el comedor del hotel la mesa presidida por el general, rodeado de su Estado Mayor; comensales en pijama y botas de montar, mientras se secaban los uniformes empapados.

Al año siguiente el plan de defensa de Baleares era aceptado por el ministro de la Guerra señor Gil Robles y llevado a la práctica. Lo primero que se hizo fué rectificar los errores de la defensa de Mahón.

Cuando, ya en plena guerra civil, Franco recibió la noticia de que los comunistas catalanes habían desembarcado en Mallorca, no sufrió inquietud ni se alteró.

No necesitó dictar al comandante general de Mallorca largas instrucciones. Le bastó con dirigirle un radio pidiéndole que se cumpliera el plan de defensa terrestre de la isla que tenía en uno de los cajones de su despacho, redactado por el propio general Franco.

La Revolución de Octubre

Desde el mismo día que los ministros socialistas salieron del Gobierno, comenzaron a vaticinar esta revolución que iba a desfogar sus cráteres en el mes de octubre de 1934. Durante el verano se dedicaron a orquestarla con tanto impudor como estrépito. Arengas inflamadas cargadas de metralla, prosa periodística iracunda y amenazadora, mítines y concentraciones para el recuento de sus fuerzas, desfiles de milicias bien equipadas y con innúmeros pendones rojos. Prieto ha proclamado desde su escaño del Congreso el deber de la insurrección armada. Largo Caballero repite con furia de poseso que se avecina el momento decisivo en que los marxistas se jugarán todo a una carta, y previene que en ese día no se les podrá acusar de salvajes, pues cuantas violencias realicen estarán justificadas. *El Socialista* refiere la concentración de milicias en San Martín de la Vega, y comenta: "Uniformados, alineados, en fina formación militar: en alto los puños impacientes por apretar el fusil. Los discursos los constituyeron palabras que son disparos, frases que eran una consigna...

En el ánimo de los oyentes, un poso de odio imposible de borrar sin una violencia ejemplar y decidida."

Se ha procurado minar al Ejército con una artera propaganda subversiva. Toda España hierve en huelgas, que son otros tantos ensayos de movilización. La Unión General de Trabajadores declara "que está dispuesta a procurar que la clase trabajadora organizada que representa, realice el supremo esfuerzo para dar término con el régimen de excepción en que vivimos, para lo que recomienda a todos la más estrecha unión para fines concretos y definitivos".

Saben los que preparan el estallido cuántos esfuerzos serán necesarios para alcanzar lo que se proponen, y por eso no vacilan en solicitar y procurarse las asistencias de quienes por afinidad y por conexión de intereses serán sus aliados. Ya cuentan con la complicidad de los personajes siniestros que sobreviven al fracaso de su política: Azaña, Martínez Barrio, Casares Quiroga, Sánchez Román y Miguel Maura.

En las Provincias Vascongadas, y a cuenta de la desaparición de las Comisiones gestoras que rigen los Ayuntamientos, se indisciplinan éstos. Indalecio Prieto, con diputados socialistas y de la Esquerra catalana, acuden atraídos por el escándalo, para atizar el fuego de la rebeldía. Hay conatos de motín en Zumárraga, en San Sebastián y en Guernica. Se dan mueras a España. Y uno de los rectores del separatismo vasco dice:

"Para conseguir la libertad de nuestra patria no nos detendremos ante nada. Ni ante una guerra, por dolorosa y sangrienta que sea... Cuando seamos la inmensa mayoría y nos sintamos con fuerzas suficientes, nos lanzaremos sin vacilar a una guerra contra el Estado español. Yo tengo que defender mi nacionalidad por todos los medios. Todos son lícitos para lograr la independencia: desde colocar una bomba, hasta desencadenar una guerra... Algún día habrá una matanza."

A la sublevación de los Ayuntamientos vascos corresponde en Cataluña la rebeldía de la Generalidad a pretexto de la interpretación de la ley llamada de Cultivos.

Companys expresa la solidaridad del Gobierno que preside con los Ayuntamientos vascos. "No me interesa—dice— saber si es legal o no el movimiento de los Ayuntamientos. Lo único que me importa es el triunfo de Euzkadi."

Por su parte, un consejero de la Generalidad, Gassols, recomienda a los concurrentes de un mitin celebrado en Barcelona: "Estad todos alerta: el que tenga hoz, con la hoz; el que tenga herramientas de la fábrica, con ellas; el que sepa manejar el volante, dispuesto a ir al coche o al avión..."

Mientras el exterior ofrece esta fisonomía tan fosca, alterada y amenazadora, se mueven en los fondos las corrientes de la conspiración y del contrabando. Algo trasciende, aunque poco. En San Esteban de Pravia se descubre un alijo de armas organizado por los diputados socialistas. Parte de este alijo, 73 cajas de municiones, es decomisado por los carabineros. En la Casa del Pueblo de Madrid la policía encuentra un arsenal de pistolas y bombas, y en el Stadium de la Ciudad Universitaria la Guardia civil hace el hallazgo de una gran cantidad de armas y máquinas de guerra modernísimas.

Todo está apercibido y a punto para cuando se dé la orden. Sólo se espera la ocasión, y ésta no tarda

Es con motivo de la crisis ministerial del día primero de octubre. El señor Samper dimite y se retira del Congreso, porque le falta el apoyo de las minorías que hasta entonces le permitían desgobernar. Al atardecer del día 4, don Alejandro Lerroux formaba Gobierno, en el que figuraban tres ministros de la Ceda.

Aquella misma noche la Casa del Pueblo cursaba la orden a las organizaciones socialistas para que declarasen la huelga general revolucionaria en toda España.

Alcalá Zamora, advertido de lo que se tramaba, procura conjurar el golpe revolucionario, con una maniobra de la más refinada perfidia. Un enviado del Presidente de la República intenta aplacar a los dirigentes socialistas diciéndoles que el propósito de Alcalá Zamora al dar entrada en el Gobierno a elementos de la Ceda no es otro que el de desgastarlos para precipitarlos en el fracaso.

Los caciques socialistas no aceptan la explicación y mantienen sus órdenes.

* * *

Al día siguiente Madrid quedó agarrotado por la huelga. Amordazado, preso de pies y manos. Sin tranvías, sin taxis, sin Metro. En las tahonas, los soldados sustituyen a los panaderos. Se inicia una reacción ciudadana contra aquella tiranía roja que sojuzga y oprime a la ciudad.

Conforme pasan las horas se entolda el horizonte nacional: la huelga revolucionaria prende en provincias. El fondo de la noche tenebrosa de Madrid está cruzado de disparos. Grupos armados son puestos en fuga cuando se dirigían hacia los cuarteles.

El día 6 trae nuevas inquietudes: ya se sabe con certeza que el movimiento crece en Asturias y Vizcaya, y se teme por lo que pueda ocurrir en Barcelona.

Conforme declina el día, la melancolía de Madrid se convierte en angustia. El aire parece cargado de presagios. Flota en el ambiente algo impalpable, que no es luz, ni sonido, pero que lo ven los ojos y lo escuchan los oídos: ese presentimiento vago y misterioso que precede a las tragedias, fluido telepático y aliento de la catástrofe que llega.

La radio de Barcelona, en poder de los facciosos lanza al espacio la nueva de que Companys ha proclamado el "Estat Cátala", y desde este momento comienza aquella velada espantosa y enloquecedora en la que se mezclan los gritos de "¡Catalans! ¡Dempeus! ¡Alceuvos en armas!" con apelaciones urgentes a los socialistas y a los comunistas para que se lancen a las calles, y música de "La Marsellesa", de "La Santa Espina" y de "Els Segadors", y un himno que llaman de Euzkadi, y una alborada gallega...

Era la señal. A las ocho de la noche estalla el combate en Madrid. Refriegas ante las Comisarías y cuarteles, intentos de asalto al Ministerio de la Gobernación y al palacio de Comunicaciones. Las calles son barridas por las ráfagas de pistolas ametralladoras. Desde las azoteas disparan también los comprometidos para crear la perturbación y alarma, indispensables para el golpe audaz que se proyecta contra el Poder. Es la consigna de Trostky: deprimir a la población por el terror antes del asalto.

Las calles, vacías y oscuras, infunden pavor. Salen las tropas a proclamar el estado de guerra.

En todos los labios, la misma pregunta: ¿Qué va a pasar?

En aquel momento de incertidumbre, de pánico, de derrota, un hombre atraviesa la puerta del Ministerio de la Guerra erizado de bayonetas y contagiado de alarma. Ese hombre viste de paisano. Quien le viera de cerca, observaría que la emoción que oprime y atormenta a la ciudad no se refleja en su semblante. Un centinela le corta el paso y el oficial de guardia le reconoce.

Es el general Franco.

En aquel entonces era ministro de la Guerra don Diego Hidalgo, quien refiere así su relación con el general Franco:

"Conocí a este general en Madrid en el mes de febrero de 1934. Le traté por primera vez en mi viaje a Baleares, y en aquellos cuatro días pude convencerme de que su fama era justa.

"Entregado totalmente a su carrera, posee en alto grado todas las virtudes militares, y sus actividades y capacidad de trabajo, su clara inteligencia, su comprensión y su cultura están puestas siempre al servicio de las armas.

"De sus virtudes, la más alta es la ponderación al examinar, analizar, inquirir y desarrollar los problemas: pero ponderación que le impele a ser minucioso en el detalle, exacto en el servicio, correcto en la observación, duro en la ordenanza, y exigente, a la vez que comprensivo, tranquilo y decidido.

"Es uno de los pocos hombres, de cuantos conozco, que no divaga jamás. Las conversaciones sostenidas con él sobre temas militares, durante mi estancia en aquellas islas, me revelaron, además, sus extraordinarios conocimientos. Toda la técnica de la guerra moderna se asienta sobre los cimientos que los grandes capitanes trazaron en la Historia; pero su desarrollo está basado en el aprendizaje de la Gran Guerra, que no legó solamente dolores y lágrimas, sino grandes enseñanzas para lo futuro en todos los órdenes de la vida y muy especialmente en el militar.

"El hombre y la máquina desplegaron sus actividades conforme a nuevas fórmulas, que dieron en tierra con toda una serie de problemas que se tenían por resueltos y que, al variar las premisas y los elementos integrantes, habían de hacer variar también la técnica y sus resultados.

"La ciencia, aparte de la llamada literatura de la guerra, que, por fortuna, merece más bien el nombre de literatura de la paz, ha recogido en obras escritas por los caudillos y por los cerebros de los ejércitos cuantas enseñanzas y deducciones se desprendían de los nuevos armamentos, que forzosamente habían de crear nuevos métodos y procedimientos.

"Y Franco, en el silencio de su despacho, lleva muchos años, los años de paz, consagrado a documentarse. El estudio ha dado sus frutos, y hoy bien puede afirmarse que no hay secretos para este militar en el arte de la guerra, elevado a ciencia por el ingenio de los hombres.

"No es el narrador más o menos elocuente, sino el expositor de problemas, que hace pasar de la teoría y de la tesis genérica a la práctica y al caso concreto, analizando con frialdad los postulados de la ciencia guerrera desde el punto de vista del armamento y estudiando con calor cuanto afecta al soldado, a su moral y a su espíritu.

"Con este juicio se explica fácilmente que, a la vista de unas maniobras militares, quisiera yo tener cerca de mí a un comentarista tan singularmente capacitado para el asesoramiento. Y no sé, ni me importa, si faltaba al protocolo invitando a Franco a que me acompañara a las maniobras militares de los montes de León.

"Al terminar éstas, ya en Madrid, en los primeros días de octubre, el general, antes de marchar a su destino, me pidió permiso para ir a Oviedo a asuntos particulares: yo se lo concedí gustoso, y por una casualidad no se encontró en Oviedo los días de los sucesos.

"Al conocer éstos y tener que suspender su proyectado viaje, fué cuando yo dispuse que quedara agregado a mis órdenes, pues aparte de su asesoramiento en el orden militar, por el hecho de haber residido largas temporadas en Asturias y tener allí intereses familiares, conocía muy bien no sólo la capital y la cuenca minera, sino la costa y las comunicaciones todas de la región.

"Alguien debió mostrar su extrañeza y ocultar su disgusto ante mi determinación de retener cerca de mí un asesor extraño a los órganos oficiales del Ministerio, pero un ministro tiene siempre el derecho y el deber de buscar libremente quien le asesore, ayude y acompañe. En momentos agudos, en que los organismos del Ministerio trabajaban a gran presión, era, además, perfectamente explicable que un ministro acumulase junto a sí cuantos elementos estimara convenientes para lograr con éxito y rapidez resolver airosamente una grave perturbación del orden público que exigía una actuación militar muy complicada, cuyos límites era de todo punto imposible calcular, ni en orden a su intensidad, ni en orden a su extensión.

"Todos los que, con más o menos elementos de juicio, han comentado mi actuación en el Ministerio de la Guerra durante los sucesos de Asturias, han ponderado la meritoria y eficacísima labor de este general, pero ninguno ha tenido una sola palabra de elogio para el ministro que le nombró. Tengo derecho a enterar al país que ese ministro fui yo, y que sin haber hecho yo el nombramiento, el general Franco, con su técnica y sus admirables condiciones, hubiera presenciado los sucesos de Asturias a través de la Prensa en las lejanías de las Islas Baleares".[7] Es curioso anotar que el propio ex ministro don Diego Hidalgo, que así se envanece por haber rete- nido a su lado, cuando la revolución de octubre, al general Franco, recuerda con legítimo orgullo que en la primera y única vacante de general de división ocurrida durante su permanencia en el Ministerio de la Guerra, ascendió a Franco, al que por decreto del 28 de enero de 1933 se le había anulado su ascenso, hallándose a la "cola" de los generales de brigada.

"A la letra de la ley, en las páginas del *Anuario militar* el general Franco aparecía en uno de los últimos lugares, pero en mi ánimo—escribe don Diego Hidalgo—estaba en el primero.

---

[7] *¿Por qué fui lanzado del Ministerio de la Guerra?* DIEGO HIDALGO.

"Y hoy, fuera ya del puesto que he ocupado, bien puedo vanagloriarme de que haya sido durante mi actuación el ascenso a divisionario del general Franco."

Cuando penetró el general en el despacho del ministro, éste le dijo:

—Le esperaba con verdadera impaciencia. He mandado a varios emisarios en su busca... Le necesito.

—Estoy a sus órdenes—le respondió Franco.

El ministro alcanzó un fajo de telegramas que tenía sobre la mesa. Eran las noticias de las primeras devastaciones producidas por el huracán revolucionario que pasaba furibundo y flagelador por media España. Huelgas, disturbios, agresiones contra algunos trenes. Movimiento insurreccional en Cataluña. El presidente de la Generalidad requería al general Batet para que con sus fuerzas se pusiera a sus órdenes. Sublevación de los mineros de Asturias y marcha sobre Oviedo y Gijón. La Fábrica de Armas, tiroteada...

El ministro espía el rostro del lector para ver el efecto que estos mensajes le producen. Pero el general Franco permanece impasible. Sólo al final, refiriéndose a los telegramas de Asturias que retiene en sus manos, exclama:

—Esto es grave. En Oviedo no hay fuerzas para hacer frente a la insurrección.

Era el levantamiento general en toda la cuenca minera. "Un movimiento de larga gestación, que pondría en armas, y en armas de guerra, como lo demostraban los recientes alijos, a veinte o treinta mil hombres que se habían adueñado ya de una docena de poblaciones de la zona minera y que podrían llegar a ser dueños de las dos grandes ciudades de Asturias, teniendo como campo de acción un terreno abrupto y dificilísimo, perfectamente conocido por los insurgentes."

Frente a esto las guarniciones de Oviedo y Gijón escasamente podrían reunir 1.600 hombres. Enviar refuerzos de otras plazas, resultaba difícil, pues con las reformas de los Gobiernos de la República, las guarniciones habían quedado reducidas al mínimo indispensable. "No podía extraerse—explica don Diego Hidalgo—de casi ninguna población una unidad completa, sin correr el riesgo de dejarla desguarnecida. Únase a esto la escasez de comunicaciones con Asturias y el estar cortada, desde los primeros momentos, la línea férrea y la carretera Sur-Norte (León a Oviedo), que constituyen su mejor y más rápido acceso, y se verá cuántas dificultades hubo de salvar para el envío de refuerzos y para evitar que quedasen a merced de la Providencia ciudades importantes en las que podía tener repercusión el movimiento."

Fué como término a estas consideraciones, cuando el general Franco propuso el envío de fuerzas de África.

El ministro comunicó aquella decisión al señor Lerroux. Ya vibraba en los espacios la célebre proclama que el jefe del Gobierno redactó en el Ministerio de la Gobernación, entre el fragor de guerra: "Españoles: A la hora presente, la rebeldía que ha logrado perturbar el orden público, llega a su apogeo..."

El Gobierno se siente fortalecido en su confianza y firme. La razón de aquella seguridad y de aquel optimismo no es propalada. Pero cada ministro dirá a sus íntimos, para levantar el ánimo de los decaídos y asegurarles en la esperanza, una noticia que después conocen los centros políticos y que tiene efectos reactivos.

—Franco está en el Ministerio de la Guerra.

El panorama cambia. En aquel horizonte turbulento, denso, cuajado de tempestades, se abre un ciaron de luz, prometedor de ventura. Ya no asusta la noche, esa noche aterradora y lóbrega en la que brillaban los ojos de los lobos de la anarquía en acecho, y en la que penetraba vacilante España.

Un hombre había cogido en sus manos el timón, y la nave de la patria afrontaba la tempestad con la garantía de salir victoriosa.

* * *

Franco se encierra en el Gabinete Telegráfico y desde él comienza a organizar la batalla contra la revolución. Está rodeado, él bien lo sabe, de masones y de traidores, en los que no cabe depositar la confianza. Era jefe del Estado Mayor Masquelet, amigo de Azaña, que se vanagloriaba de "haberle puesto en el candelero". El Ministerio era una logia, y por eso muchos miraban a Franco como a un intruso. ¿Se podía admitir que un general vestido de paisano acaparara los poderes y ordenara con autoridad indiscutible?

Pronto empieza a notar las resistencias que pretenden anular sus órdenes y esterilizar su acción. La base aérea de León no responde a sus llamadas. Franco propone la destitución del jefe de la base. Batet, en Barcelona, se muestra remiso y divagatorio. Hay que arbitrar una fórmula para cada guarnición.

Franco necesita consultar poco, pues tiene presentes en su memoria todos los elementos bélicos de que dispone España. Moviliza tropas y barcos. El comandante militar de Oviedo le comunica que los mineros han llegado al barrio de San Lázaro y que se encierra con sus tropas en el cuartel. Conferencia con los jefes de las fuerzas de África. Propone al teniente coronel Yagüe, que se encuentra con licencia en Soria, para el mando de las fuerzas de África, y Yagüe se traslada en un autogiro, que aterriza en la playa de Gijón.

Mantiene constante comunicación con Barcelona, y sabe a cada momento los pasos, gestiones y estado de ánimo del general Batet. Conoce el espíritu de aquella guarnición y su decidido ímpetu para que prevalezca España sobre la conjura y el motín de aventureros y traidores. Las baterías están ya instaladas frente al palacio de la Generalidad, desde cuyo balcón Companys se ha proclamado rebelde, para desmayarse al punto, asustado de su propia obra. Toda la nación asiste insomne y nerviosa a este drama que se desarrolla a lo largo de la noche, en un duelo de emisoras, en el que se mezclan arengas con notas oficiosas, voces de auxilio, aullidos de histerismo, cuplés, himnos, música de ópera, en un griterío enloquecedor y vertiginoso.

Franco, en cada hora de aquella noche gana posiciones, aísla a los insurrectos, los va cercando.

Los que trabajan a su lado se sienten conquistados por el optimismo que es como irradiación permanente del jefe. Lo ven tranquilo, seguro en sus decisiones, infalible en sus pronósticos. Todos los resortes a los que acude responden con puntualidad y exactitud. Entregado a esta tarea afanosa le sorprende la luz del alba, que llama con sus dedos temblorosos de seda a los cristales de aquel despacho.

Las seis. Media hora después se recibe el siguiente telegrama de Barcelona:

"General jefe cuarta División a ministro de Guerra: Este momento, seis horas treinta minutos, presidente Generalidad solicitó cese hostilidades, entregándose incondicionalmente mi autoridad. Yo me complazco comunicarlo V. E. conocimiento y satisfacción, haciendo presente brillante comportamiento todas fuerzas mis órdenes, si bien a costa de sensibles bajas, que comunicaré oportunamente."

Un ayudante despertó al ministro de la Guerra para darle a conocer este mensaje. Porque el ministro de la Guerra, don Diego Hidalgo, dormía desde las dos de la madrugada.

* * *

Días y noches enteras de este octubre de 1934 pasó Franco en el Ministerio de la Guerra dirigiendo la batalla contra la revolución. Está pendiente de las vicisitudes de las tropas del general Bosch que luchan en las alturas de Campomanes. Esclarece el camino que sigue la columna de 500 hombres que ha organizado en Lugo el general López Ochoa y que él mismo la conduce, y le previene del peligro que le aguarda en el desfiladero de Peñafior, a la salida de Grado, en donde se hallan apostadas las más aguerridas fuerzas del anarquismo asturiano. López Ochoa abandona este camino y sube a Aviles. Conferencia a diario con Ortiz de Zarate, que contiene en Vizcaya, el estallido revolucionario con sabias medidas. El día 8, el crucero *Libertad* se halla ante el cerro de Santa Catalina. Franco, desde el Gabinete Telegráfico, dirige el bombardeo.

El comandante de Gijón le informa por telégrafo de los fallos de la artillería, y Franco afina y rectifica la puntería, diciendo a los jefes del barco, por radio, las faltas observadas y señalándoles los objetivos.

De Franco es la iniciativa de colocar en las terrazas dominantes de Madrid a los mejores tirado- res de la Guardia civil, auxiliados con reflectores, para que combatan a los "pacos" que hostilizaban desde los tejados.

El día 12 desembarcan en Gijón las dos banderas del Tercio y un tabor de Regulares, que bajo el mando del teniente coronel Yagüe inician su marcha victoriosa hacia Oviedo, cuya guarnición quedará liberada al día siguiente.

Los forajidos que habían implantado el régimen soviético en la capital asturiana, huyen hacia las montañas: han asesinado a mansalva, han desvalijado los Bancos, han incendiado la Universidad, han pretendido volar la catedral, han destruido calles enteras... Oviedo martirizada, estampa del dolor y de la tragedia, es un cartel de la barbarie marxista.

Franco, jefe del Estado Mayor Central

El propósito del señor Gil Robles de obtener la cartera de ministro de Guerra se vio realizado en la crisis de mayo de 1935. ¿Por qué insistió tanto en sus deseos el señor Gil Robles? Más tarde lo explica diciendo que este propósito arraigó en él desde que comprobó, por la revolución de Asturias, que la trituración de Azaña durante el bienio había dejado al Ejército tan maltrecho e inerme, y en tales manos, que el país estaba expuesto a perecer en cuanto se repitiera el intento revolucionario. Al posesionarse el nuevo ministro de la Guerra, las izquierdas se alborotaron, amedrentando a sus clientelas con el anuncio de que se preparaba un golpe de Estado; mas quien conocía la verdadera situación del Ejército sabía que éste no podía soñar con tales lujos.

A poco de entrar en el Ministerio el señor Gil Robles, convocó a una reunión de generales divisionarios, a la que asistieron los señores Cabanellas (don Virgilio), Villabrille, Goded, Franco, Gómez Morato, Riquelme, Núñez del Prado, Rodríguez del Barrio, Peña y otros; reunión que duró cinco horas y en la que el ministro sometió a examen de los congregados un cuestionario y del esclarecimiento obtuvo la sensación de que a los cuatro años de República apenas quedaban vestigios del Ejército. Había sido pulverizado por las leyes corrosivas de Azaña. Entre otros detalles de los averiguados en aquella asamblea figuran algunos tan concluyentes como estos: el total de municiones que había en los parques no permitiría sostener veinticuatro horas el fuego que exige una guerra moderna. Las tropas que el año 1934 fueron a Campomanes cuando la revolución de Asturias, no pudieron llevar ni el paquete individual de curas. Por eso la gangrena atacó a muchos soldados.

El ministro de la Guerra se propuso remediar con urgencia el mal, y para ello buscó a los colaboradores más eminentes y eficaces. Para la jefatura del Estado Mayor Central designó "al general de máximo prestigio", a Franco, que en aquel entonces era jefe del Ejército de Marruecos. El general Fanjul fué nombrado subsecretario, y el general Goded, director de Aeronáutica. Quedó organizado el Consejo Superior de Guerra, cuya presidencia en las frecuentes ausencias del ministro, la desempeñaba el general Franco.

Y comenzó una labor sin tregua, que había de durar seis meses, quebrándose entonces por obra de aquella política tortuosa, taimada y de encrucijada, tan del gusto de don Niceto Alcalá Zamora.

Compenetrado el ministro con el Estado Mayor Central, y en especial con su jefe, no hay en toda esta etapa la menor divergencia. Los trabajos se complementan. Impera un sano espíritu de justicia, que por nada ni por nadie se altera.

Se labora con enorme intensidad. El general Franco se presenta en su despacho a las nueve de la mañana y en él permanece hasta las tres o tres y media de la tarde. Una hora después, ya está de nuevo en su mesa, prolongando su jornada hasta las diez y más de la noche. En las oficinas del Ministerio se trabaja con la seguridad de que se realiza una obra del más alto interés nacional, que redundará en provecho y beneficio de España.

De aquel caos a que había quedado reducido el Ejército por la política sectaria, funesta y antipatriótica, va resurgiendo con gallardía y brío.

Como preparación fundamental para el plan trazado, se restablecen los Tribunales de Honor, que la Constitución prohibía, para la separación del servicio por actos deshonrosos, y se reglamentan los decretos sobre disponibilidades y pase a la reserva, sin que en ninguno de los expedientes promovidos se pudiera alegar injusticia ni afán persecutorio, pues todos los expulsados lo fueron por faltas graves.

Así quedaron separados de sus mandos, Miaja, Mangada, Villalba, Sarabia, Camacho, Riquelme, Sandino, Viqueiro, Hidalgo de Cisneros y otros.

Por natural correspondencia, volvían a puestos de confianza y de honor aquellos militares a quienes la revolución trató de abatir para que se consumieran en el anónimo y en el olvido. El coronel Monasterio recupera el mando de un Regimiento. Asciende al generalato Várela. El general Mola, disponible desde que se instauró la República, recibe el encargo de redactar un estudio de movilización, que sorprende por la perfección y capacidad con que lo desarrolla, y como consecuencia es designado jefe del Ejército de Marruecos.

El Presidente de la República se manifiesta inquieto por la renovación de cargos y las listas de reintegrados al servicio activo.

—Observo—le dice un día al ministro de la Guerra—que todos los favorecidos por ascensos o repuestos son enemigos de la República.

—Todos los designados—replica Gil Robles—son excelentes militares. El Presidente insiste:

—De los ochenta jefes nombrados para mandar tropas, sólo veinte me han cumplimentado...

Aquí tengo la lista.

—Sin duda—contestó el ministro—, desconocerán el protocolo.

Para estrechar los lazos en la gran familia militar se establece un intercambio entre jefes y oficiales de las distintas Armas. Se hace una revisión de las condecoraciones concedidas por la campaña de Asturias, y se le otorga la Medalla Militar al teniente coronel Yagüe.

Se estudia, en un período de restricciones económicas, la normalización de los sueldos con la supresión de desigualdades, y al general Orgaz se le confía el encargo de redactar un proyecto de cooperativas militares, que había de servir de complemento al estudio económico que realizaban los señores Fanjul y Colmenares.

La influencia de la propaganda extremista se comprueba en los reclutas del nuevo reemplazo, y por las averiguaciones practicadas se sabe que el veinticinco por ciento de los soldados eran militantes activos de las organizaciones revolucionarias, los cuales, una vez en el cuartel, se constituían en células comunistas para proseguir su labor. El general Franco organiza un servicio de información reservada, por el que se logra estar al tanto de las maniobras de la Antipatria en los cuarteles, y hacer sorprendentes descubrimientos sobre la labor de Rusia para descomponer a España.

Estas averiguaciones contribuyeron en modo principal a la redacción de una ley sobre espionaje y al estudio de un proyecto para incrementar el voluntariado, que permitiría seleccionar el personal, con las máximas garantías de disciplina en los regimientos.

La propaganda subversiva había contagiado a los obreros de las factorías militares, entre los que cundía la indisciplina. La revolución de Asturias lo había demostrado sin que fuesen menester otras pruebas. Se decretó la militarización de todo el personal que trabajaba en dichas factorías y en los talleres de Aviación, con prohibición de afiliarse a organizaciones revolucionarias.

La revolución de Asturias había puesto de relieve la importancia de las fuerzas marxistas y la difícil situación por que pasaría Oviedo ante un nuevo intento. Al coronel Aranda, cuyas excepcionales dotes de estratega eran conocidas, se le confió el mando de una brigada mixta, declarando a Asturias Comandancia exenta. El 21 de julio se celebraron en Riosa unas maniobras en las que se estudió el auxilio a Oviedo, prevista la incomunicación por el puerto de Pajares. A las maniobras asistieron los generales Franco, Goded y Fanjul.

La labor es ininterrumpida, y la actividad vigoriza todas las ramas del Ministerio. Se reforma el Código de Justicia Militar, se reorganizan las divisiones orgánicas, se crean dos brigadas que han de guarnecer la zona del Estrecho y la frontera occidental. Para formar la nueva oficialidad, se acuerda la reapertura de la Academia General Militar y la creación de la especialidad de ingenieros fabricantes de armamentos.

El Estado Mayor Central, a impulsos del infatigable dinamismo de Franco, es taller y laboratorio donde se estudia y planea la arquitectura del gran Ejército español.

En el orden material faltaba todo. Rodeaba al Ministerio una desolación de ruina: parques vacíos, baterías viejas, material anticuado. Los escasos aviones de bombardeo eran del año 1918, y las bombas, de cinco kilos. Igual tristeza y penuria en artillería, en vestuario, en caretas y cascos...

Poco tiempo sería necesario para que se opere una transformación completa: en el mes de diciembre se cerró el contrato para la adquisición de las patentes de aviones de caza y bombardeo, que serían construidos en Guadalajara. Se anunció un concurso para la construcción de veinticinco baterías y reajuste de piezas y cañones antiaéreos.

Se proveyó a los soldados de cascos, se intensificó la fabricación de cartuchos y sólo en Toledo aumentó con 350 obreros el personal de la Fábrica, con el propósito de alcanzar una producción de 800.000 cartuchos diarios. Se inicia el estudio de la fabricación de gases, y la educación de las poblaciones contra la guerra química.

La tensión angloitaliana convirtió las costas mediterráneas en zonas neurálgicas, y hubo que reforzar las defensas de Cartagena y Baleares, que en breve plazo quedaron afirmadas en su seguridad y en su fortaleza.

Llegamos a la mitad de diciembre de 1935, con un proyecto de rearme en tres años y con un plan completo de defensa nacional redactados por el Estado Mayor Central; eliminados del Ejército los militares sin prestigio a quienes Azaña había confiado los cargos de máxima responsabilidad; con un presupuesto extraordinario, y aceptado en Consejo de Ministros, de mil cien millones, que habían de ser gastados casi en su totalidad en España.

El plan tenía todos los elementos esenciales para ser una obra grandiosa. Pero en la España agusanada por la revolución, era imposible. Tan imposible, que no llegó ni a iniciarse.

El día 19 de diciembre se declaró la crisis. Podemos llamarla la última crisis. Después de ella venía el diluvio de sangre y de metralla.

El ministro de la Guerra fué objeto de una despedida inolvidable por parte del personal del Ministerio. El general Franco le dijo el adiós en nombre de todos: "Jamás el Ejército se ha sentido mejor mandado que en esta etapa. El honor, la disciplina, los conceptos básicos han sido restablecidos..."

Y añadió:

"Para significar hasta qué punto la rectitud ha pido la única norma de la actuación del ministro de la Guerra, basta relatar una sencilla anécdota: Llegó una propuesta para desempeñar un cargo: venían en la propuesta tres nombres, tres oficiales que reunían las mismas circunstancias y a los que acompañaban los mismos méritos. El ministro de la Guerra tenía que resolver entre esos tres nombres. Yo le indiqué que cualquiera de ellos era capaz y podía desempeñar brillantemente el cargo, pero con toda lealtad le dije que uno de los tres oficiales estaba recomendado por casi todo el partido del propio ministro, por la Cámara y por figuras del Ejército. El ministro me respondió: — Haciendo abstracción de eso, ¿usted a quién designaría?— Yo le contesté: —Los tres tienen iguales méritos. Yo designaría al más antiguo.— El ministro no dudó un instante y me ordenó: —Pues al más antiguo.— Eso ha sido nuestro ministro de la Guerra."

Aquel Ejército descompuesto por la política del bienio, es decir, por el favoritismo, la intriga, la falta de espíritu de justicia, y manejado por el funesto Gabinete militar creación de Azaña, comenzaba a rehacerse, tras de seis meses de actuación inteligente y honesta. Volvían a lucir las virtudes militares, volvía a ser reconocido el mérito y eliminado lo perjudicial y peligroso para la Patria. La obra fortificadora y de saneamiento avanza, y sin tardar mucho tiempo el Ejército será la institución nacional poderosa y respetada, contra la que nada podrán sus enemigos.

Pero el plan de rearme del Ejército no podía tolerarlo la revolución. "Los elementos revolucionarios —decía el señor Gil Robles—no podían aguantar más, ni transigir que continuara esta obra, porque veían que esta reorganización del Ejército empezaba a marchar y se oponía un valladar infranqueable a la revolución."

Alcalá Zamora, dócil instrumento, se rindió de nuevo y entregó la plaza. En ella entró, en el caballo masónico, nuevo artilugio de Troya, la figura lacia, exangüe y maligna de Pórtela, ese hombre espectral, de noche de Animas, personaje señalado por el destino para la más trágica de las funciones: para abrir la puerta por donde habían de entrar los jinetes del Apocalipsis.

1936 - BAJO EL TERROR

La revolución no quedó aplastada en octubre. Una política débil y condescendiente, y una protección que más parecía complicidad, por parte del Presidente de la República, dejaron sin ejemplar castigo a las cabezas visibles promotoras de aquella insurrección contra España.

Las raíces quedaron sanas e intactas y no tardaron en retoñar con exuberancia.

Unas elecciones ofrecen oportunidad para esta reproducción. Previamente pactan alianza todas las fuerzas revolucionarias, desde aquellas más medrosas que se califican de izquierdas republicanas, hasta las que se agitan en la zona infrarroja, aglomerándose con la esperanza secreta de engañarse mutuamente. Las republicanas aspiran, una vez conseguido el triunfo, a usufructuarlo sin convidados, despegándose de éstos a tiempo. Los socialistas, como lo declara Alvarez del Vayo en un mitin de Málaga, pretenden que los aliados burgueses, es decir, los republicanos, les faciliten el camino y tiendan el puente, que los bolcheviques cruzarán con menor dificultad "cuando se hayan quebrantado las resistencias del capitalismo y se haya desmilitarizado el Ejército".

Hubo, sí, especial cuidado, en este pacto que dio origen al Frente Popular, que tantas desdichas iba a traer sobre España, en aceptar como nexo indispensable para la negociación, el que fueran amnistiados todos los condenados por los sucesos de octubre, rehabilitados en sus cargos quienes los perdieron, e indemnizados en los daños y perjuicios sufridos, y castigados los que en función oficial ejercieron la represión.

Y se celebraron las elecciones, el día 16 de febrero, y aun cuando las fuerzas contrarrevolucionarias —pese a múltiples y criminales abstenciones— tenían una mayoría de más de 400.000 votos en el conjunto de las votaciones de España, los del Frente Popular, desde las siete de la tarde del mismo día de la elección, se entregaron a exaltaciones frenéticas, vociferando que habían triunfado, y en aquel punto comenzó a ser descompuesta y sustraída la mayoría, para terminar, pocas semanas después, con el robo escandaloso de más de ochenta actas, realizado por la Comisión parlamentaria, que a veces, como en el caso de las de Cuenca y Granada, sumó al fraude el escarnio.

Quedaron así los revolucionarios dueños del Poder, y ya no hubo obstáculo que se opusiera a sus desvarios de dominio. Como primera providencia, fué desmontado de la presidencia de la República don Niceto Alcalá Zamora, despidiéndole, como se dijo, peor que a una doméstica, para encumbrar en su lugar a don Manuel Azaña, que se sacrificó con harto pesar, y abandonó la jefatura del Gobierno para encerrar sus melancolías señoriales en el Palacio de Oriente y en las mansiones regias de las playas del Norte.

Ancho y llano el camino, empezó la cabalgada por las tierras de España de los emisarios del Frente Popular.

Del baño electoral han salido rozagantes y triunfadores los que intervinieron en la revolución de octubre, y cuantos purgaban criminales fechorías; los que aterraban al mundo con sus abominaciones, los que excitaban al crimen, los asesinos, los ladrones, monstruos de ferocidad y de odio: toda esa fauna que prospera y se desboca en los días de convulsión y de revuelta, como suben las heces a la superficie al ser agitadas las aguas tranquilas del estanque.

Bien protegidos por la inmunidad parlamentaria, se manifiestan con una osadía sin límites. Desde el punto y hora que tienen el carnet que les facilita el viaje, se lanzan por ciudades y pueblos a soliviantar a las masas, a embriagarlas con el vino ruso, a exasperarlas contra todo lo existente, y van dejando a su paso una estela de odio, un surco de rebeldía, un cauce de desesperación, que luego serán también regueros de llamas y de sangre.

España no conocerá ya horas de paz. Desde Madrid hasta el último pueblo de la nación, se ven acuciados por unos ardores de exterminio y sacudidos por un vendaval enloquecedor y colérico.

Es una carrera desenfrenada en competencia de furia.

"El día de la venganza, no dejaremos piedra sobre piedra de esta España, que hemos de destruir para rehacer la nuestra"—promete Largo Caballero en Zaragoza.

"Pedimos—gritaba en pleno delirio histérico la Nelken— una revolución; pero ni la rusa nos sirve como modelo, porque necesitamos llamaradas gigantescas que se vean en todo el planeta, y oleadas de sangre que enrojezcan los mares."

"Las derechas—decía por su cuenta *El Socialista*— amedrentan a sus amigos con el recuerdo de octubre, diciéndoles que aquello fué una revolución. No. Se engañan. Aquello no fué más que un conato de lo que ha de venir, de lo que ha de conocer España."

Pues ¡qué pronósticos y amenazas espeluznantes no rezumaban todos los días las páginas de la prensa comunista y sindicalista, redactada con la consigna de mantener en llamas los incultos cerebros de sus lectores!

A una con esta propaganda articulada y dirigida desde Moscú, donde, en agosto de 1935, en el Congreso Internacional Comunista, se había acordado la creación del Frente Popular, se realiza otra callejera y ostentosa. Son las manifestaciones y desfiles de las milicias uniformadas y matonescas, que alzaban desafiantes sus puños y desplegaban sus banderas rojas con los atributos soviéticos. Son las movilizaciones con variados pretextos: unas veces, para pedir la libertad de cualquier gerifalte del comunismo encarcelado en el extranjero, llámese Thaelmann o Prestes; otras, con el propósito de realizar en Barcelona una Olimpíada roja, en contra de la que llaman la Olimpíada parda de Berlín; y, entreverada con estas expansiones políticas o deportivas, la huelga general para probar el funcionamiento de los comités de barrio y de los radios de distrito. Y, avanzando más, algún día de revuelta, como la que promovieron difundiendo con perfidia el rumor de que las derechas repartían caramelos envenenados, para acabar asaltando conventos e iglesias; y alguna noche de terror, como aquella en que se alzaron las hogueras de San Luis y de San Ignacio y del diario *La Nación*, inmensas teas a cuyo resplandor la capital de España pudo leer la tragedia de su futuro.

Asaltos, atentados, huelgas, incendios, ocupación de fábricas, en las ciudades. Saqueo y ocupación de fincas, en los campos. Atracos en las carreteras. Crímenes políticos, colisiones...

Y, cada día, la indispensable, larga, interminable lista de oficiales de la Guardia civil y del Ejército destituidos, trasladados o disponibles forzosos, acusados de reaccionarios, de fascistas o de poco afectos al régimen.

* * *

Un día cualquiera de esta época frente-populista acumula más tragedias que las que en otro tiempo rendía el balance de un trimestre.

Por ejemplo, *El Diario Vasco* de San Sebastián, en su número del 14 de mayo, recoge las siguientes noticias, a pesar de que la censura se ejerce con rigores pocas veces conocidos:

"*Vigo.*—Tiroteo contra jóvenes fascistas. Interviene un coronel en favor de éstos, y hace nueve disparos. El jefe militar tiene que recluirse en su casa, que es incendiada. La Guardia civil, que interviene, es tiroteada. Hay muertos y heridos.

"*Jaca.*—Un concejal comunista es agredido por un oficial de Infantería. Las turbas pretenden linchar al militar. Se originan graves disturbios.

"*Coruña.*—El párroco de Roderio fué apaleado. Después las turbas le amarraron y de esta suerte fué exhibido al pueblo. La casa rectoral de Horro es asaltada.

"*Santander.*—Han sido incendiadas las iglesias de Campuzano, Ganzo, Cortiguera y Zurita.

"*Barcelona.*—La Policía ha practicado más de cuarenta detenciones de personas acusadas de fascistas.

"*Valencia.*—Graves desórdenes en Alcira. Las iglesias de San Juan y Santa Catalina han sido incendiadas, así como un convento, un colegio de niños y la casa del notario. Los desórdenes se propagan a los pueblos inmediatos.

"*Oviedo.*—La huelga de mineros aumenta. La semana próxima serán 30.000 los huelguistas.

"*Valencia.*—En Sueca se ha declarado la huelga general.

"*Fuentelapiedra.*—Han ocurrido desórdenes. La iglesia parroquial ha sido quemada. Al frente de los incendiarios iban el alcalde y el jefe de la Policía.

"*Córdoba.*—Huelga general en Zueros. La Guardia civil ha sido apedreada.

"*Oviedo.*—En esta capital y en Gijón continúan las detenciones de derechistas acusados de conspirar contra el régimen.

"*Teruel.*—En Alfambra son tiroteados y encarcelados algunos jóvenes acusados de fascistas.

"*Priego.*—Ha habido colisiones. Tres heridos y muchas detenciones. "Atracos en Oviedo y en Granada."

Todo esto daba de sí un día de Frente Popular, filtrado por la censura.

* * *

En el mes de abril el señor Calvo Sotelo entregó para su publicación en el *Diario de Sesiones* del Congreso una relación de sacrilegios, incendios y asaltos a iglesias; agresiones a personas, asaltos e incendios de periódicos, de centros políticos, de casinos y de casas particulares; relación que llenó varias páginas del periódico oficial. Era el resumen de lo acaecido en España desde el 17 de febrero al 31 de marzo.

Asaltos y destrozos: De centros políticos, 58; de establecimientos públicos y privados, 72; de domicilios particulares, 33; de iglesias, 36. Total, 199.

Incendios: De centros políticos, 2; de establecimientos públicos y privados, 45; de domicilios particulares, 15; de iglesias (destruidas, 56), 106. Total, 178.

Huelgas generales, 11; motines, 169; tiroteos, 39; agresiones, 85; heridos, 345; muertos, 74.

En su intervención parlamentaria del 6 de mayo, el señor Calvo Sotelo completaba esta relación con los episodios de violencia, de lucha, de sangre, de incendio y destrucción material y espiritual ocurridos desde el primero de abril hasta el 4 de mayo.

Los treinta y cuatro últimos días de Frente Popular quedaban sintetizados en estas cifras: Muertos, 47; heridos,

216, de los cuales, 200 graves; huelgas, 38; bombas y petardos, 53; incendios totales o parciales, en su mayor parte de iglesias, 52; atracos, atentados, agresiones, 99.

Hay, añadía el señor Calvo Sotelo, una variedad casi infinita en los hechos englobados en estas cifras: es un cromatismo verdaderamente siniestro, en el que pueden apreciarse todos los matices de la maldad, de la barbarie suelta, del salvajismo y también de la autoridad ausente, cuando no cómplice. No falta en esta gama horrísona ninguna, absolutamente ninguna, de las notas inhumanas imaginables por los hombres que tengan el espíritu más delirante. Con relación a estos hechos y otros anteriores se ha realizado una serie de detenciones, que unos calculan en ocho mil, otros en diez mil y hasta doce mil españoles, muchos por ser fascistas, otros por parecerlo, otros por haberlo sido.

La denuncia de estos desórdenes y atropellos, hecha un día y otro por las minorías derechistas en el Congreso, y la protesta contra los bárbaros que vandalizan España, son inútiles. Casares Quiroga ha declarado al Gobierno beligerante contra el fascismo, y lejos de atajar la anarquía, la estimula con su conducta y la favorece con los auxilios del Poder.

En su último discurso, pronunciado el día 16 de julio, leyó el señor Gil Robles la estadística de los estragos, plenamente comprobados, producidos desde el 18 de junio al 13 de julio.

Incendios de iglesias, 10; otros incendios, 19; párrocos atropellados, 9; robos y confiscaciones, 11; derribos de cruces, 5; muertos, 61; heridos, 224; atracos, 17; asaltos e incautaciones de fincas,

32; incautaciones, 16; centros asaltados e incendiados, 10; huelgas generales, 15; parciales, 129; bombas, 74; petardos, 58; botellas de líquido inflamable, lanzadas contra casas, 7.

En este espantoso caos vivía España. Una situación de anarquía, declaraba el señor Ventosa, que no tiene precedente en ningún país del mundo.

Una guerra en la que un bando disfruta de todas las prerrogativas y armas para luchar, mientras al otro no le queda más que el triste recurso de resignarse a ser aniquilado.

* * *

Esta situación de anarquía era a expensas del Gobierno que la fomentaba, y a gusto de los revolucionarios, que encontraban en ella clima a propósito para la germinación y desarrollo de sus planes.

Esto marcha, escribía *Claridad,* el diario bolchevique. Nos acercamos a las últimas conclusiones del triunfo electoral. ¿Retroceder a la legalidad, como piden las derechas? ¿A qué legalidad? Nosotros no conocemos más legalidad que la revolucionaria.

Y desde la tribuna del *cine* Europa, Largo Caballero confirmaba que España vivía bajo el signo de octubre rojo: "El triunfo del 16 de febrero fué motivado por el movimiento de octubre, y todo está girando hoy alrededor del movimiento de octubre. Que no nos vengan diciendo que se logró un triunfo exclusivamente legal, porque no es cierto. Si no hubiera habido un 4 de octubre, no hubiera llegado el 16 de febrero y ni siquiera estarían hoy en el Poder los republicanos de izquierda. Que conste bien a todos que es por octubre, y que no admitiremos traición a esto. Porque el nuevo régimen, que se acerca a pasos agigantados, no podrá ser contenido ni por las bayonetas ni por los cañones."

Con vistas a este nuevo régimen se conciertan las llamadas Alianzas revolucionarias, que son una modalidad del Frente Popular, "sin residuos burgueses". En ellas participan exclusivamente los partidos proletarios, mientras los republicanos de izquierdas, excluidos, contemplan desde el Poder cómo se articula aquella organización revolucionaria, consintiéndola, como es su compromiso, pues no olvidan que si recibieron el Poder fué con la obligación de conceder la libertad de movimiento a sus aliados para que éstos puedan preparar sin estorbo el asalto.

Los Congresos comunistas que se prodigan en provincias, acuerdan la unificación marxista. La Asamblea de la Confederación General del Trabajo celebrada en Zaragoza el 14 de mayo, "aprueba la alianza revolucionaria, que tendrá como fin inmediato la destrucción del régimen actual, para implantar, primero, el comunismo libertario, y la anarquía, después, como régimen oficial definitivo".

El Congreso de la U. G. T. de San Sebastián, el 27 de junio, se declara partidario de la unificación marxista, y afirma que el proletariado alcanzará su emancipación integral con la insurrección armada, destruyendo el Estado burgués e implantando la dictadura del proletariado.

Y así en todos los sitios. Ya está acordado que el día 1.º de agosto, "el día rojo", se celebrará una movilización general de las fuerzas revolucionarias hasta en la última aldea de

España, y que este ensayo será el definitivo. La orden para repetirlo con hoces y armas no tardará.

Ya se conoce también el plan, muy bien hilado en oficinas soviéticas, para el asesinato de los jefes y oficiales del Ejército, que desaparecerán, llegado el momento, en una matanza fulminante, para la que se ha hecho una puntual distribución de verdugos.

La propaganda en la prensa y en el mitin es más furiosa que nunca. Las milicias se instruyen en los campos cercanos a las ciudades, bajo la dirección de oficiales del Ejército que se prestan a manchar sus uniformes con esta infamia. Se acusa la presencia en España de agentes especializados en imponer el terror y en la organización de matanzas. La Prensa francesa denuncia puntualmente el paso de estas hienas que se encaminan a España. Va, entre otros, afirma *Le Matin,* un hombre de confianza de Stalin, el camarada Ventura, el que declaró ante el último Congreso del Komintern: "Pronto llegará el día en que podamos vengar a los muertos de Asturias. Aplicaremos el terror más severo y exterminaremos a la clase burguesa."

España, lívida, resollante, agota sus energías por librarse de aquellas serpientes que reproducen el tormento de Laocoonte, y que se van enroscando para estrangularla entre sus anillos.

Esta vez la revolución se cree triunfadora.

* * *

La noticia deslumbra como el relámpago en la noche. Consterna, aplana, sepulta a los españoles. Don José Calvo Sotelo ha sido asesinado. Pero decir sólo esto, es decir la verdad a medias. El jefe de la minoría monárquica ha sido arrebatado de su hogar en la madrugada, por unos hombres que vestían los uniformes de la fuerza pública, a la que pertenecían. Metiéronle después en un coche de los de guardias de Asalto, y en él fué martirizado y muerto. Para remate de la infamia, su cadáver quedó abandonado a la puerta del cementerio del Este.

El crimen es tan monstruoso, que parece exclusivo de ese mundo de pesadilla y de espanto de los desvaríos febriles, sin interpretación posible, porque no se ha inventado el lenguaje que le corresponde.

En una sociedad organizada o elementalmente civilizada, no se produce una abominación como esta; pero si por desdicha ocurre, los ojos y los corazones se vuelven hacia los hombres que ejercen la autoridad y que administran la justicia, para pedirles el castigo de los criminales.

A la España de 1936 le ha sido negado ese consuelo.

No puede reclamar justicia a los que gobiernan. ¿Cómo hacerlo, si es precisamente el Gobierno el que ha planeado el crimen, que es uno más en la serie de los que se vienen cometiendo ante su indiferencia, y con su complicidad? La minoría de Renovación Española se retira del Parlamento.

"No podemos convivir un momento más—decían los diputados monárquicos en el documento que explicaba su retirada—con los amparadores y cómplices morales de este acto. No queremos engañar al país y a la opinión internacional aceptando un papel en la farsa de fingir la existencia de un Estado civilizado y normal, cuando, en realidad, desde el 16 de febrero vivimos en plena anarquía, bajo el imperio de una monstruosa subversión de todos los valores morales, que ha conseguido poner la autoridad y la justicia al servicio de la violencia. No por esto desertamos de nuestros puestos en la lucha empeñada, ni arriamos la bandera de nuestros ideales. Quien quiera salvar a España y su patrimonio moral como pueblo civilizado, nos encontrará los primeros en el camino del deber y del sacrificio."

Calvo Sotelo había sido señalado por la revolución como víctima de primera magnitud. Un diputado que atiende por Galarza, y que desea la celebridad a fuerza de excesos inhumanos, hizo en el Congreso la apología del asesinato del señor Calvo Sotelo. Ocho días antes del crimen, el jefe de la minoría monárquica confiaba al señor Gil Robles su temor a perecer víctima de un atentado, y ie denunciaba un sospechoso cambio en su escolta, de la que habían quitado los policías, sustituyéndolos por unos guardias de Asalto. Pero había algo peor: el propio jefe del Gobierno pronunció unas frases de amenaza, a las que el señor Calvo Sotelo replicó de esta manera:

"Yo tengo, señor Casares Quiroga, anchas las espaldas. Su señoría es un hombre fácil y pronto para el gesto de reto y para las palabras de amenaza.

"Le he oído tres o cuatro discursos en mi vida, los tres o cuatro desde ese banco azul, y en todos ha habido siempre la nota amenazadora. Bien, señor Casares Quiroga. Me doy por notificado de la amenaza de su señoría. Me ha convertido su señoría en sujeto, y, por tanto, no sólo activo, sino pasivo, de las responsabilidades que puedan nacer de no sé qué hechos. Bien, señor Casares Quiroga, le repito: mis espaldas son anchas. Yo acepto con gusto y no desdeño ninguna de las responsabilidades que se puedan derivar de actos que yo realice; y las responsabilidades ajenas, si son para bien de la Patria y para gloria de España, las acepto también. ¡Pues no faltaba más! Yo digo lo que Santo Domingo de Silos contestó a un rey castellano: "Señor, la vida podéis quitarme, pero más no podéis." Y es preferible morir con gloria a vivir con vilipendio."

* * *

Retirada la minoría de Renovación Española del Parlamento, después de acusar directamente al Gobierno de participación en el asesinato del jefe de la misma, el señor Gil Robles pronunció en la sesión del día 16 de julio un discurso en el que atribuyó al Ministerio de Casares Quiroga la responsabilidad moral de patrocinar una política de violencia que armaba las manos de los asesinos.

"Todos los días —exclamó—, por parte de los grupos de la mayoría, por parte de los periódicos inspirados por vosotros, hay la excitación, la amenaza, la conminación para aplastar al adversario, para realizar con él una política de exterminio. A diario la estáis practicando. Muertos, heridos, atropellos, coacciones, multas, violencias...

"Este período vuestro será el período máximo de vergüenza de un régimen, de un sistema y de una nación."

Y más adelante agregó estas palabras, con las que el jefe de la Ceda expresaba su decepción y su total desconfianza de que la política de España pudiera desarrollase por cauces jurídicos y regirse por normas civilizadas:

"Hemos venido a estas Cortes, cuando ya había muchas voces que nos decían que aquí no teníamos nada que hacer, a asegurar el funcionamiento normal de los órganos e instituciones actuales; pero, poco a poco, se nos va expulsando de esa legalidad; poco a poco, nuestros esfuerzos caen en el vacío; poco a poco, las masas españolas se van desengañando de que por el camino de la democracia no se consigue nada. Y no se venga diciendo que esto es preparación de un complot o ambiente favorable a ello. En las filas de los republicanos de izquierda, si no en declaraciones en el Parlamento, sí en los pasillos, en conversaciones, en órganos periodísticos, se habla constantemente de intentos o de conatos dictatoriales. Los partidos obreros están diciendo que la meta de sus aspiraciones es llegar a la dictadura del proletariado. Cuando vosotros, representantes que os decís los más genuinos de la democracia, estáis hablando de dictadura, ¿qué os extraña que las gentes oprimidas estén pensando en la violencia, no para aplastaros a vosotros, sino para librarse de la tiranía con que los estáis oprimiendo? Vosotros sois los únicos responsables de que ese movimiento se produzca en España. A las elecciones del 16 de febrero llevamos nosotros el aliento de grandes partidos nacionales con un sentido plenamente democrático. Si ese sentido está muriendo en España, no es por nuestra culpa, sino por culpa de los Gobiernos, porque lo que pudo ser posible en un momento, en vuestras manos se convirtió en una farsa más."

* * *

¿Qué medidas de severidad contra los asesinos adoptó el Gobierno? Se limitó a declarar que se buscaba a los autores, cuando era público en Madrid que los criminales seguían en libertad, y que aceptaban felicitaciones por su fechoría. Más cierto era, en cambio, que todos los directores de periódicos recibieron una orden de la Censura prohibiendo que se dijese que el señor Calvo Sotelo había sido asesinado. Tampoco se permitían comentarios al crimen, ni la menor referencia, en las informaciones, a la participación en el suceso de un oficial de la Guardia civil y de oficiales y guardias de Asalto. No quedaba con esto completa la zona prohibitiva. Faltaba algo más. Y se negó permiso para publicar la hora del entierro.

A estas disposiciones de carácter periodístico se añadieron otras de orden político. Fueron clausurados centros derechistas en toda España. Se practicaron detenciones en masa. A las Comisarías llegaban redadas de gentes honradas sorprendidas en sus domicilios, que ingresaban en los calabozos sin mediar explicación. Millares de personas vivían en Madrid huidizas, escondidas, durmiendo cada noche en una casa, con el miedo a caer en poder de los esbirros que se dedicaban a la caza del hombre.

Noches calurosas de julio, cuyas horas las hacía inacabables el insomnio, cruzadas de automóviles que iban como meteoros en busca del inocente, o con la presa ya camino de la mazmorra.

Noches de calentura estival, enervantes, con un latido apresurado y angustioso, paseadas de milicias socialistas y comunistas con la pistola al cinto, jaques y retadoras, sedientas de sangre, con aquel poso de odio que encomiaba su periódico, como distintivo de pureza marxista.

Noches sofocantes, nerviosas, hirvientes y eternas de aquel Madrid de julio de 1936, que sentía el desasosiego misterioso del augurio. Madrid ya no es la capital de todos, alegre y acogedora, sino la ciudad marxista con rostro iracundo, la blasfemia en los labios y los puños en alto. Madrid ha cambiado su oso y su madroño por la hoz y el martillo. Los niños desfilan por las calles con estandartes rojos: se llaman pioneros y cantan la "Joven guardia". Las mujeres enronquecen en la Plaza de Toros pidiendo la libertad de Thaelmann y vitoreando a Rusia. El obrero de la construcción, el impresor, el hortera y el oficinista, han dejado de ser los verbeneros enamorados de Madrid. Ahora el uno es directivo de un Radio comunista, el otro instructor de pioneros, el tercero pertenece g las milicias de la Casa del Pueblo, el otro es jefe de barriada por la Unificación marxista. Usan pistola y pasan las noches de ronda. Se abotagan con la bazofia literaria que les sirven los clubs. El aliento malsano y venenoso de Rusia les penetra y agosta cuanto de español y cristiano había en sus almas.

Madrid ya no es la capital de España, sino la ciudad sovietizada del sur de Europa, con arreglo a las predicciones de Trostky. Pronto tendrá sus checas y sus pelotones de ejecución. Correrá a torrentes la sangre. Y todos esos hombres y mujeres—alacranes y harpías—saldrán de sus casas para enseñar al mundo hasta dónde llega en su abominación un pueblo corrompido por el virus ruso.

FRANCO, FRENTE A LA REVOLUCIÓN

Aquella tarde del domingo 16 de febrero de 1936, las masas, obedientes a la consigna revolucionaria, se lanzaron a la calle. Y aun cuando ignoraban el verdadero resultado que arrojaban los escrutinios, se proclamaban vencedoras, pues se las había amaestra* do para que a las tres horas de terminada la votación se agitaran jubilosas y enardecidas pidiendo el Poder, la libertad de los presos y las cabezas de determinados políticos.

La noche auguraba fuertes borrascas callejeras.

El general Franco llamó al general Pozas, Director de la Guardia civil, para decirle:

—Te supongo enterado de lo que sucede.

—No creo que pase nada—replicó Pozas indiferente.

—¡Por eso te llamo, para informarte de que las masas están en la calle, y de que se quiere sacar de estas elecciones, y en orden a la revolución, unas consecuencias que no están implícitas, ni mucho menos, en el resultado, y me temo que aquí y en provincias van a comenzar los desmanes, si es que no han comenzado ya.

—Creo que tus temores son exagerados.

—Ojalá suceda así, mas por si no lo son, te recuerdo que vivimos en una legalidad constituida, que yo acepto, y que nos obliga, aunque particularmente sea contrario a este sistema, a aceptar el resultado de las urnas. Mas todo lo que sea rebasar el resultado un solo milímetro, ya es inaceptable por virtud del mismo sistema electoral y democrático.

—No será rebasado, te lo aseguro.

—Creo que prometes lo que no podrás cumplir. Más eficaz sería que las personas de responsabilidad y las que ocupamos determinados puestos al servicio del Estado y del sistema constituido, estableciéramos el contacto debido para que la masa no nos rebase.

El Director de la Guardia civil no quería entender aquel lenguaje.

—Vuelvo a decirte que la cosa no tiene la importancia que le concedes. A mi parecer, lo que ocurre es sólo una legítima expansión de la alegría republicana. No creo que haya fundamento para temer nada grave.

Ante la actitud adulatoria y servil de Pozas para la revolución, el general Franco comprendió que no se podía contar con él para nada.

Al correr de la noche—horas lentas, cargadas de amenazas, presagios y de gritos roncos—el general Franco es avisado por amigos bien informados de que la presión roja estalla ya en desórdenes en muchas localidades, de que se temen mayores desmanes y de que Pórtela, deprimido, es sólo un guiñapo en poder de la revolución.

Eran cerca de las tres de la madrugada cuando Franco llamó al ministro de la Guerra, general Molero, que se hallaba durmiendo? Lo despertó. Molero empezó a hablar sin haber ahuyentado el sopor del primer sueño, que turbaba su cerebro. Se manifestaba atónito por lo que el general Franco le decía.

—¿Y qué cree usted que puedo hacer?

—Lo primero llevar al Consejo de Ministros la declaración del estado de guerra.

—¿Lo sabe Pórtela?

—Yo le hablaré ahora mismo.

En efecto, le habló, y en el Consejo celebrado el lunes se acordó declarar el estado de guerra en toda España. El general Franco tenía redactadas las oportunas órdenes, que las puso en circulación tan pronto como se le comunicó por teléfono la decisión de los ministros. A la vez, inició una serie de conversaciones con los comandantes generales, que hubo de suspender ante el aviso que le transmitía un ayudante de que el señor Pórtela le llamaba con toda urgencia.

Era para comunicarle la irritación del Presidente de la República, al conocer el acuerdo del Consejo de Ministros de declarar el estado de guerra, y su resolución a no tolerarlo, pues lo estimaba como una provocación al pueblo.

—Y usted ¿qué opina?—le interrogó Franco.

—Yo—añadió Pórtela—obedezco las órdenes de Alcalá Zamora.

Pórtela se resignaba a esto y a mucho más. Sin embargo, ante los dudas expresados por el general Franco, celebró aquella misma noche una entrevista con éste, concertada por mediación de don Natalio Rivas.

El general alentó a Pórtela para que, a pesar de la oposición de don Niceto Alcalá Zamora, declarara el estado de guerra y fuera todo lo adelante que hiciera falta para vencer a la anarquía que se estaba apoderando de España.

Pórtela rechazaba la sugestión:

—Yo soy viejo. Soy viejo...—repetía—. La empresa que me propone es superior a mis fuerzas. Sin embargo, yo le digo que es usted el único que me hace vacilar... Pero no... Eso es para un hombre con más energías que yo.

—Ustedes han llevado al país a ese trance y están en el deber de salvarlo...

—¿Y por qué no el Ejército?—preguntó por sorpresa Pórtela.

—El Ejército—replicó Franco—no tiene aún la unidad moral necesaria para acometer esa empresa. Su intervención es necesaria, pues usted tiene autoridad sobre Pozas y cuenta todavía con los recursos ilimitados del Estado, con la fuerza pública a sus órdenes, más las colaboraciones que yo le prometo y que no le han de faltar.

Pórtela se agitaba inquieto. Se levantaba, daba unos pasos, se volvía a sentar. Parecía febril y nervioso. Anhelaba el final de aquel forcejeo. Terminó diciendo:

—Déjeme que consulte con la almohada.

El general Franco le replicó:

—Ya sé lo que le va a decir: que no; y la urgencia es tal, que no caben consultas ni dilaciones. Pórtela repetía:

—Déjeme meditar.

Al día siguiente, la meditación dio el resultado previsto. El jefe del Gobierno hacía saber al general Franco que la situación no era tan grave como él la pintaba. Que las cosas se encauzarían por un Ministerio de izquierdas y que no era de temer el porvenir catastrófico que el general pronosticaba.

Entretanto, Pórtela pactaba la traición con el Gran Oriente de la Masonería, Martínez Barrio, que vigilaba de cerca al jefe del Gobierno y no le abandonaba un momento.

En conversación se hallaban los dos masones, cuando irrumpió en la sala otro "hermano" caracterizado: el general Pozas.

—Señor Presidente—exclamó el recién llegado con frase alterada por la emoción—, vengo a denunciarle, porque lo sé con absoluta certeza, que los generales Franco y Goded están sublevando a las guarniciones.

Martínez Barrio simuló gran sorpresa e indignación por aquella farsa que él había preparado.

— No se puede tolerar... No podemos aguardar ni una hora más. Pozas amenazó:

—La Guardia civil se opondrá a toda militarada.

El Director general de la Benemérita suponía que unos cortos meses al frente del cargo habían bastado para deshonrar y desarticular al Benemérito Instituto.

Aquella entrevista fué el beso de Judas.

Allí quedó concertada la entrega de España a los sayones revolucionarios.

* * *

Ya está el Frente Popular en el Poder. No se hará esperar el decreto que aleje de Madrid a los generales Goded y Franco. Al uno se le envía a la Comandancia General de las Baleares; al otro, a la de Canarias. Azaña volverá a repetir, que con este alejamiento se les libra de la tentación.

Antes de salir para su destino, el general Franco visita a los señores Alcalá Zamora y Azaña. La entrevista con el primero fué muy extensa.

Franco le anuncia los peligros que se ciernen sobre España y la falta de elementos para oponerse a la revolución triunfante. Don Niceto sonríe entre inconsciente y sandio.

—A la revolución—dice—la vencimos en Asturias.

—Recuerde, señor Presidente—le replica Franco—, lo que costó contenerla en Asturias. Si el asalto se repite en todo el país, será bien difícil sofocarlo. Porque el Ejército carece hoy de los elementos necesarios y porque ya están repuestos en sus mandos generales interesados en que no se venza. El entorchado no es nada cuando el que lo ostenta carece de la autoridad, del prestigio y de la competencia que son imprescindibles para ser obedecido.

Don Niceto lo echaba todo a barato y se negaba a comprender aquel lenguaje de la lealtad y del honor. Gesticulaba incrédulo. Movía su cabeza haciendo signos negativos.

El general se puso en pie. El Presidente de la República le despidió:

—Váyase tranquilo, general. Váyase tranquilo. En España no habrá comunismo.

—De lo que estoy seguro—afirmó Franco—y puedo responder, es que, cualesquiera que sean las contingencias que se produzcan aquí, donde yo esté no habrá comunismo.

Su entrevista con Azaña fué más breve y tajante. El jefe del Gobierno se dedicaba en aquellos días a calmar a las gentes con la promesa de una revolución aburguesada y apacible. Los augurios de Franco eran acogidos con una sonrisa suficiente y sardónica.

—Hacen ustedes mal en alejarme—se lamentó el general—, porque yo en Madrid podría ser más útil al Ejército y a la tranquilidad de España.

Azaña contestó:

—No temo a las sublevaciones. Lo de Sanjurjo lo supe y pude haberlo evitado, pero preferí verlo fracasar.

La revolución era él y no admitía consejos de generales.

* * *

Franco, no con propósitos conspiratorios, ni tampoco por enemiga contra el régimen, sino pensando en España y en los peligros que la amenazaban, se dedicó a realizar ciertas gestiones que consideró necesarias. Celebró una entrevista con los generales Mola y Várela, a los que confió el encargo de mantener una relación permanente con los generales de las divisiones que merecían plena confianza, y con aquellos elementos militares de máxima garantía que, por ejercer mando, fuera de gran interés tenerlos apercibidos para una situación de extrema gravedad que pudiera producirse.

Designó a persona de su entera confianza, para sostener al través de ella las relaciones que consideró imprescindibles, desde su destino de Canarias.

En aquellos días, y muy poco antes de que José Antonio Primo de Rivera fuera encarcelado, se entrevistó con él, en casa de don Ramón Serrano Suñer, cuñado del general. Primo de Rivera le expuso cuál era la situación de Falange Española, y le dio a conocer los elementos de que disponía en Madrid y en provincias, para un momento dado. El general le recomendó continuara en relación con el teniente coronel Yagüe, al cual le conocía el señor Primo de Rivera, por haberse entrevistado con él en aquella misma casa. El general Franco celebró otras conferencias con personajes de marcada influencia en ciertos sectores políticos.

* * *

Desde Canarias asiste el general Franco al drama que se desarrolla en España. La convulsión es cada día más profunda y los estragos mayores.

Al repetirse las elecciones en Cuenca, vuelven a ofrecerle los partidos de orden un puesto en la candidatura, que Franco rechazó públicamente. La pasión política estaba al rojo vivo y no se podía esperar nada noble ni eficaz de aquel Parlamento.

No creía tampoco en la sinceridad del sufragio.

—Cuando los fondos de las organizaciones obreras—decía—se dedican al soborno político, a la compra de armas y municiones y a la contrata de pistoleros y asesinos, la democracia, representada por el sufragio universal, ha dejado de existir.

Le inquieta y preocupa de modo especial aquella poda que el ministro de la Guerra viene haciendo en la oficialidad del Ejército y de la Guardia civil; desmoche que va reduciendo las posibilidades de resistencia, pues la mayoría de los excluidos y postergados son los más partidarios del movimiento que cada vez se ve más ineludible e inmediato.

Entonces el general Franco se decide a escribirle al ministro de la Guerra una carta con la secreta intención de contener aquella carrera de destituciones y de remociones, que ponía en evidente riesgo el éxito del movimiento en algunas capitales y regiones. Franco consiguió en buena parte lo que se proponía, pues al recibo de la carta amainó la furia demoledora del ministro.

La carta, que lleva la fecha del 23 de junio, decía así:

"Respetado ministro: Es tan grave el estado de inquietud que en el ánimo de la oficialidad parecen producir las últimas medidas militares, que contraería una grave responsabilidad y faltaría a la lealtad debida si no le hiciese presentes mis impresiones sobre el momento castrense y los peligros que para la disciplina del Ejército tienen la falta de interior satisfacción y el estado de inquietud moral y material que se percibe, sin palmaria exteriorizaron, en los Cuerpos de oficiales y suboficiales. Las recientes disposiciones que reintegran al Ejército a los jefes y oficiales sentenciados en Cataluña, y la más moderna de destinos antes de antigüedad y hoy dejados al arbitrio ministerial, que desde el movimiento militar de junio del 17 no se habían alterado, así como los recientes relevos, han despertado la inquietud de la gran mayoría del Ejército. Las noticias de los incidentes de Alcalá de Henares, con sus antecedentes de provocaciones y agresiones por parte de elementos extremistas, concatenados con el cambio de guarniciones, que produce, sin duda, un sentimiento de disgusto, desgraciada y torpemente exteriorizado, en momentos de ofuscación, que, interpretado en forma de delito colectivo, tuvo gravísimas consecuencias para los jefes y oficiales que en tales hechos participaron, ocasionando dolor y sentimiento en la colectividad militar.—Todo esto, excelentísimo señor, pone aparentemente de manifiesto la información deficiente que, acaso, en este aspecto debe llegar a V. E., o el desconocimiento que los elementos colaboradores militares pueden tener de los problemas íntimos y morales de la colectividad militar.—No desearía que esta carta pudiese menoscabar el buen nombre que posean quienes en el orden militar le informen o aconsejen, que pueden pecar por ignorancia; pero sí me permito asegurar, con la responsabilidad de mi empleo y la seriedad de mi historia, que las disposiciones publicadas permiten apreciar que los informes que las motivaron se apartan de la realidad y son algunas veces contrarias a los intereses patrios, presentando al Ejército bajo vuestra vista con unas características y vicios alejados de la realidad.—Han sido recientemente apartados de sus mandos y destinos jefes, en su mayoría, de historia brillante y de elevado concepto en el Ejército, otorgándose sus puestos, así como aquellos de más distinción y confianza, a quienes, en general, están calificados por el noventa por ciento de sus compañeros como más pobres en virtudes.— No sienten ni son más leales a las instituciones los que se acercan a adularlas y a cobrar la cuenta de serviles colaboraciones, pues los mismos se destacaron en los años pasados con Dictadura y Monarquía. Faltan a la verdad quienes le presentan al Ejército como desafecto a la República; le engañan quienes simulan complots a la medida de sus turbias pasiones; prestan un desdichado servicio a la Patria quienes disfracen la inquietud, dignidad y patriotismo de la oficialidad, haciéndoles aparecer como símbolos de conspiración y desafecto.—De la falta de ecuanimidad y justicia de los Poderes públicos en la administración del Ejército en el año 1917, surgieron las Juntas Militares de Defensa. Hoy pudiera decirse virtualmente, en un plano anímico, que las Juntas Militares están hechas. Los escritos que clandestinamente aparecen con las iniciales de U. M. E. y U. M. R. son síntomas fehacientes de su existencia y heraldo de futuras luchas civiles si no se atiende a evitarlo, cosa que considero fácil con medidas de consideración, ecuanimidad y justicia.—Aquel movimiento de indisciplina colectivo de 1917, motivado, en gran parte, por el favoritismo y arbitrariedad en la cuestión de destinos, fué producido en condiciones semejantes, aunque en peor grado, que las que hoy se sienten en los Cuerpos del Ejército.—No le oculto a V. E. el peligro que encierra este estado de conciencia colectivo en los momentos presentes, en que se unen las inquietudes profesionales con aquellas otras de todo buen español ante los graves problemas de la Patria.

"Apartado muchas millas de la Península, no dejan de llegar hasta aquí noticias, por distintos conductos, que acusan que este estado que aquí se aprecia, existe igualmente, tal vez en mayor grado, en las guarniciones peninsulares, e incluso entre todas las fuerzas militares de orden público.

"Conocedor de la disciplina, a cuyo estudio me he dedicado muchos años, puedo asegurarle que es tal el espíritu de justicia que impera en los cuadros militares, que cualquiera medida de violencia no justificada produce efectos contraproducentes en la masa general de las colectividades al sentirse a merced de actuaciones anónimas y de calumniosas delaciones.

"Considero un deber hacerle llegar a su conocimiento lo que creo una gravedad grande para la disciplina militar, que V. E. puede fácilmente comprobar si personalmente se informa de aquellos generales y jefes de Cuerpo que, exentos de pasiones políticas, vivan en contacto y se preocupen de los problemas íntimos y del sentir de sus subordinados.

"Muy atentamente le saluda su afmo. y subordinado, *Francisco Franco.*"

* * *

En los primeros días del mes de julio recibe informes de la marcha de la conspiración y la noticia de que ha sido elegido, como general más autorizado, para ponerse al frente del Ejército de África. Se le consulta también sobre lo que se debe hacer en algunos otros sitios, en especial en la capital de España.

Sirviéndose de clave, Franco escribe tres cartas a Madrid. En una de ellas previene contra el peligro que significaría que la guarnición se encerrase en los cuarteles, pues no es posible desconocer los importantes medios y recursos del Gobierno. Franco aconseja que las tropas se concentren en determinado lugar, replegándose luego hacia la sierra para unirse a las fuerzas que avancen del Norte.

Por razones que no es prudente esclarecer ahora, dicha carta no tuvo eficacia por no haber sido descifrada oportunamente por su receptor.

La explosión de España

Al mediodía del 17 de julio se recibió en Madrid un mensaje telefónico que procedía de Tetuán. Era una sencilla felicitación por la onomástica de un ciudadano, de nombre y apellidos vulgares, firmada por un nombre más vulgar aún. Sin embargo, se trataba de un mensaje sensacional. El nombre del felicitado tenía once letras y el del remitente diecisiete.

Y aquel mensaje, al parecer tan inocuo, enviado por orden del coronel Yagüe, decía nada más que esto: "Las tropas de África se han sublevado a las once de la mañana del día diecisiete."

Los sucesos no correspondían con toda exactitud a esta referencia, pues el Ejército de África no se sublevó hasta la tarde. Mas tan pronto como se recibió el mensaje, los agentes de enlace hicieron llegar la noticia a los jefes del movimiento que iba a ser salvador de España: a los generales Mola, Goded y Fanjul y al general Saliquet, que pocas horas después salía para Valladolid. Por otro conducto llegaba también la noticia a algunos jefes de la Escuadra y al general Queipo de Llano.

A las cinco de la tarde, el Gobierno ya está enterado de que en Marruecos sucede algo anormal. Casares Quiroga llama desde el Ministerio de la Guerra al Comandante General de Melilla, general Romerales, masón de calidad, en quien el ministro tenía depositada toda su confianza.

¡Tremenda decepción! No es Romerales el que contesta al ministro, sino el coronel Solans quien le da la sorprendente y terrible nueva de que Romerales no se puede poner al teléfono porque lo tiene encarcelado.

Casares Quiroga no quiere dar crédito a lo que oye, y para esclarecer lo ocurrido llama al jefe de las fuerzas de África, el general Gómez Morato, que se halla en Tetuán, el cual le responde que desconoce en absoluto lo que ocurre en Melilla, mas se propone averiguarlo en seguida. Y al efecto, embarca en un avión con destino a dicha plaza, donde le esperan los legionarios, que, sin dejarle tiempo para más, le conducen a presencia del coronel Soláns.

—General, nos hemos alzado contra el Gobierno y por España. Dése preso. Gómez Morato no resiste y se entrega.

* * *

El alzamiento de las tropas de África había sido unánime. Los Ejércitos de las dos zonas, identificados en el ideal, habían llegado a una plena coincidencia durante las maniobras realizadas a mediados de julio en el Llano Amarillo. El teniente coronel Yagüe llevó a prevención una tienda- parque, y en ella celebraban conciliábulos y entrevistas los jefes y oficiales de las fuerzas congregadas. Allí quedaron designadas Juntas de Guarnición, y se acordó sobre la forma en que había de desarrollarse el movimiento. Se convenció a los remisos, se animó a los tibios, y todo quedó concertado y a punto para el momento en que se recibiera la orden.

La última noche en el Llano Amarillo, llegó la noticia del asesinato del señor Calvo Sotelo. Entre los oficiales había un sobrino del ex ministro, el señor Barber, que se dispuso a salir inmediatamente para la Península.

Al despedirse del teniente coronel Yagüe, éste le dijo:

—Dentro de poco tendrá usted noticias de nosotros.

Llegó, por fin, la ansiada orden. El movimiento debía comenzar el día 17, a las cincos de la tarde. Las tropas quedaron apercibidas para dicha hora, pero en Melilla se precipitaron los acontecimientos, porque, enterado el general Romerales de lo que se preparaba, intentó hacer abortar el movimiento, llamando en su auxilio a las organizaciones revolucionarias. Hay tiroteos que siembran la alarma, colisiones y conatos de resistencia, que son reducidos con rapidez por los legionarios del teniente coronel Helio Rolando de Telia y Cantos, este jefe con nombre de cruzado, modelo de lealtad y arquetipo de valientes, perseguido con saña por la República desde el día de su instauración, y que acababa de llegar de la zona francesa, donde se hallaba refugiado.

El general Romerales quedó encarcelado y el coronel Solans se hizo cargo de la Comandancia.

En Tetuán, el Alto Comisario, Alvarez Buylla, el mejor ejemplar de una familia de paniaguados, intenta resistir. Lanza sin cesar a Madrid apremiantes llamadas de auxilio. Cuando le dicen que la Legión y los Regulares vienen sobre la Alta Comisaría, se rinde.

El teniente coronel Yagüe ordena desde Tetuán la salida de camiones para recoger a la quinta Bandera, la de Castejón, que está en el Zoco de Arbaa.

A las once y media de la noche, Yagüe, al frente de la cuarta Bandera, que se hallaba en Dar Riñen, emprende la marcha sobre Ceuta, a la vez que ordenaba a la guarnición de aquella ciudad que saliera a la calle y ocupara la población, como así se hizo sin disparar un solo tiro.

Al día siguiente embarcaban las primeras fuerzas de Regulares para España. El *Churruca* transportaba el tabor de Oliver a Cádiz, y apenas hubo desembarcado, cuando se sublevó el contratorpedero, uniéndose a la escuadra roja. Otro tabor, mandado por el teniente coronel Amador de los Ríos, salía para Algeciras y desembarcaba en Punta Mayorga, Los aviones rojos voltejeaban sobre las tropas africanas.

En el Estrecho, la escuadra amotinada enarbolaba la bandera de la revolución y se disponía a impedir el paso de tropas.

Franco volaba hacia Tetuán.

* * *

La noticia de lo que sucedía en África no trascendió a España hasta el día 18. Por la mañana, era facilitada una nota oficiosa, que la Unión Radio lanzó a los espacios y que decía.

"Se ha frustrado un nuevo intento criminal contra la República. El Gobierno no ha querido dirigirse al país hasta conseguir conocimiento exacto de lo sucedido y poner en ejecución las medidas urgentes e inexorables para combatirlo.

"Una parte del Ejército que representa a España en Marruecos, se ha levantado en armas contra la República, sublevándose contra la propia Patria y realizando un acto vergonzoso y criminal de rebeldía contra el Poder legítimamente constituido.

"El Gobierno declara que el movimiento está exclusivamente circunscrito a determinadas ciudades de la zona del Protectorado, y que nadie, absolutamente nadie, se ha sumado en la Península a tan absurdo empeño. Por el contrario, los españoles han reaccionado de un modo unánime y con la más profunda indignación contra la tentativa reprobable y frustrada ya en su nacimiento.

"El Gobierno se complace en manifestar que heroicos núcleos de elementos leales resisten frente a la sedición en las plazas del Protectorado, defendiendo el honor del uniforme, el prestigio del Ejército y la autoridad de la República.

"En estos momentos las fuerzas de tierra, mar y aire de la República, que, salvo la triste excepción señalada, permanecen fieles al cumplimiento del deber, se dirigen contra los sediciosos para reducir con inflexible energía un movimiento insensato y vergonzoso.

"El Gobierno de la República domina la situación, y afirma que no ha de tardar en anunciar a la opinión pública que se ha restablecido la normalidad."

A las tres de la tarde se facilitaba otra nota para aplacar la inquietud creciente:

"De nuevo habla el Gobierno para confirmar la absoluta tranquilidad en toda la Península.

"El Gobierno estima las adhesiones que ha recibido, y, al agradecerlas, manifiesta que el mejor concurso que se le puede prestar es garantizar la normalidad de la vida cotidiana para dar un elevado ejemplo de serenidad y de confianza en los resortes del Poder.

"Gracias a las medidas de previsión que se han tomado por parte de las autoridades, puede considerarse desarticulado un amplio movimiento de agresión a la República, que no ha encontrado en la Península ninguna asistencia, y sólo ha podido conseguir adeptos en una fracción del ejército que la República española mantiene en Marruecos, y que, olvidándose de sus altos deberes patrióticos, fueron arrastrados por la pasión política, olvidando sus más sagrados compromisos.

"El Gobierno ha tenido que tomar, en el interior, radicales y urgentes medidas, unas ya conocidas; las otras culminan en la detención de varios generales, así como de numerosos jefes y oficiales comprometidos en el movimiento. La Policía ha conseguido también apoderarse de un avión extranjero que, según indicios, tenía el cometido de introducir en España a uno de los cabecillas de la sedición.

"Estas medidas, unidas a las órdenes cursadas a las fuerzas que en Marruecos trabajan para dominar la sublevación, permiten afirmar que la acción del Gobierno bastará para restablecer la normalidad."

Al caer de la tarde, el Gobierno se reúne en el Ministerio de la Guerra, al que acude, llamado, Largo Caballero, quien no sólo ofrece el concurso de las milicias socialistas para cuanto haga falta, sino que conmina al Gobierno para que, sin pérdida de tiempo, arme al pueblo, pues de lo contrario hará a los ministros responsables de negligencia en su deber de salvar a la República.

Cada hora Unión Radio emite una nueva nota oficiosa y balsámica para repetir que el foco insurreccional se circunscribe a Marruecos, que en toda la Península hay tranquilidad absoluta, que es incierto que se haya declarado el estado de guerra y que reputa como facciosos a los que propalan esta noticia. También dice que la Aviación ha bombardeado a los sediciosos en Ceuta y Melilla y que las unidades de la Escuadra marchan hacia África.

Pese a las seguridades que da el Gobierno de que el movimiento está localizado, todos saben que lo de Marruecos no es un foco aislado y único, como se afirma oficialmente.

* * *

Este mismo día 18, el general Queipo de Llano inicia su gran proeza en Sevilla, que más tarde la relatará con estas palabras:

"A las dos menos cuarto de aquel día no había francamente sublevados en Sevilla más que el comandante Cuesta, mi ayudante y yo... y algún que otro oficial; a las dos estaban presos dos generales, dos coroneles, un teniente coronel, dos comandantes... A las dos y media se proclamó el estado de guerra; a las tres caían en nuestro poder, prisioneros, muchos agentes del Gobierno, con sus elementos de combate; a las cinco empezó a funcionar la artillería; a las seis estaban bajo mi mando todos los centros oficiales; antes de anochecido eran prisioneros todas las autoridades del Frente Popular, todos los guardias de Asalto que les servían, y pasaban a nuestras manos los tanques blindados y armamento de que estas fuerzas disponían; a las doce de la noche se rendía el Aeródromo de Tablada sin disparar ni un solo tiro; el día 19 amaneció en Sevilla completamente español, auténticamente nacional..."

En la madrugada del 18 al 19 empieza a encenderse en muchas capitales la gran hoguera de patriotismo, que pocas horas después se alzará gigantesca y atraerá la atención de todo el planeta.

Los anhelos, tantos años escondidos, se desbordarán en gritos que son latidos del alma: quedarán rotas las mordazas y las cadenas que aprisionaban el sentimiento nacional. Ya no es un delito el amar a España: y estos primeros vítores de liberación van fundidos con sollozos y lágrimas.

Es como si hubiera invadido a los españoles patriotas una altísima fiebre, una reacción orgánica por rescatarse, por recuperar su salud, por vivir. Los hombres que se lanzan a la calle van tremantes e iluminados. Sus ojos destellan una luz heroica. Sus manos tiemblan ansiosas por coger un fusil.

España se siente sacudida por un trallazo eléctrico que la incorpora para las grandes decisiones.

Ya están los bravos de Renovación Española, los primeros de Somosierra, defendiendo la carretera como se defiende un tesoro. Una guerrilla de temerarios dispuestos a enfrentarse con las avalanchas rojas que les lancen desde Madrid.

¡Divina locura la de estos hombres!...

En Burgos rompen el silencio de la noche estre • liada las tropas, mezcla confusa de oficiales, soldados y paisanos, que pasan férvidos y vociferantes vitoreando a España.

En aquellas horas, en la mayoría de los cuarteles se dirime una tremenda lucha entre los patriotas y los pérfidos. En los cuartos de banderas está el pulso de España. Horas patéticas, cargadas de responsabilidad y de historia, que van a alumbrar una patria nueva.

De aquella incertidumbre unas guarniciones saldrán decididas hacia el triunfo. Otras, para una rendición infausta, como la del cuartel de la Montaña; triste, como la del cuartel de Loyola de San Sebastián. Para sucumbir gloriosamente, como la guarnición de Barcelona y los defensores del cuartel de Simancas de Gijón, o para resistir victoriosas las penalidades del sitio en Oviedo, y en Huesca y Teruel, y en el Alcázar de Toledo.

En Coruña, Ávila, Cáceres, Vitoria, Zaragoza, Cádiz, Córdoba, Jaca y en tantos otros sitios, el Ejército logra dominar rápidamente.

El Ejército no está solo. Desde el primer momento cuenta con colaboraciones eficaces por parte de la población. Elementos civiles que anhelaban este momento, y que acuden presurosos a solicitar un puesto en la cruzada.

Falange y Requetés, los primeros.

En Valladolid, la ciudad azul, capital de la Falange Española, cuando la Falange era vitada, execrada y prohibida por la ley, y se refugiaba en la clandestinidad, de donde únicamente salía para jugarse la vida a tiros, para ir a la cárcel o para enterrar a sus muertos; en Valladolid se organiza la primera centuria, que el coronel Serrador llevará con sus tropas al Alto del León, que será la cumbre de la gloria y del dolor, Calvario y Tabor de Valladolid, el Verdún de aquella hora creadora en que se van a alzar las nuevas fronteras de España.

* * *

Y en Pamplona...

El día 19 de julio, se hacía realidad y cristalizaba en un espectáculo asombroso la leyenda carlista. Pamplona, palpitante de emoción, ronca de vítores, temblorosos de dicha los corazones porque se cumplían las profecías. Pamplona, arrebolada de boinas rojas y florecida de banderas españolas que aleteaban con impaciencia por iniciar un vuelo de conquista y contar el prodigio al resto de la patria.

Poco después de las cuatro, el general Mola, el más destacado artífice de aquel acontecimiento, revistaba los primeros batallones de la Tradición. Muchos mozos de los que rebullían cerca de los cuarteles, traían el olor de las eras donde dejaron abandonadas las trillas. Lucían la camisa limpia y el buen traje, el que reservaban para las fiestas. Los más humildes vestían trajes rapados o blusas y calzaban alpargatas. Algunos, más entonados y ricos, no prescindieron del cuello duro para hacerse soldados y coger el fusil, pues como no había uniformes para todos, los que no lo consiguieron se incorporaron a los batallones con la vitola en que les sorprendió el suceso.

¡Qué grande Navarra en aquella jornada! Frente a los cuarteles, a. donde afluían las avalanchas de boinas rojas y se organizaban los voluntarios para marchar a la guerra, se daban las escenas más inverosímiles de abnegación y de patriotismo. Pueblos como los de Mendigorría y Artajona, que se quedaron, no sólo sin mocina, sino hasta sin hombres. Ancianos a los que hubo que contener, porque la sangre les tiraba y querían echarse al campo. Los siete hermanos de una familia de Pamplona, con el fusil. El padre y los cinco hijos de un pueblo de la Ribera. Abuelo, hijo y nieto en la misma fila.

Era el milagro de Navarra. El milagro de la perseverancia de Navarra. El milagro de la Tradición.

El tronco añoso, arrugado y nostálgico, que se vestía de pronto con las galas de una primavera triunfal.

Caía la tarde, y los camiones colmados de requetés salían en busca de la guerra, cantando viejas tonadas con brío nuevo. Era como si Navarra hubiera abierto sus arterias para anegar a España hasta quedarse exhausta.

Salían más y más camiones, que formaban en la carretera rosario interminable, envuelto en el estruendo de los motores y en el vocerío juvenil, fragante y liberador, que era la voz antigua de la Navarra guerrera y conquistadora. Y su eco se perdía en los espacios cálidos de aquella noche ardiente del mes de julio.

* * *

Cada provincia hace su guerra, y, dentro de cada provincia, cada ciudad y cada aldea ventila su contienda peculiar.

¿Quién es capaz de recoger esas infinitas cuentas de heroísmo, desgranadas por millares de personas que en aquellos días iniciales se jugaron la vida con tanta fe como decisión, que unas veces les valió el triunfo y otras las condujo al martirio?

¿Quién podrá contar el sacrificio de los innumerables héroes, fieles a su juramento y a su honor, o simplemente leales a su conciencia, que cumplieron su deber sin otra recompensa que una muerte oscura, trágica, ofrendada a Dios y a España en los sótanos de una checa, en las tapias de un cementerio, o en el acantilado por el que eran despeñados al mar?...

* * *

De aquellas primeras horas confusas y caóticas, saldrá dividida España.

Un fulgor de bayonetas y un pespunte de disparos señalan las nuevas fronteras. A un lado, la anarquía; al otro, España.

Y empieza la guerra.

De Tenerife a Tetuán

A poco de llegar a Santa Cruz de Tenerife, Franco se reconoce prisionero del Frente Popular. Los sátrapas que han decretado su alejamiento de España, lo han hecho pensando en otra isla de Elba. Pero una isla de Elba por la que andan sueltos y con patente gubernativa los sicarios que espían al desterrado.

Se le vigila día y noche, se le interviene la correspondencia, se le intercepta el teléfono y se le acosa con un verdadero cerco organizado por el poncio de la isla.

Plumas y voces de energúmenos arremeten contra el general. El Ayuntamiento de Realejo Alto se dirige a todos los municipios de la provincia para que pidan al Gobierno la destitución de Franco, como elemento peligroso. Un amigo le avisa al general:

—Se prepara un atentado contra usted.

—Hace dos años—responde—que Moscú me ha sentenciado a muerte.

En torno a la Comandancia merodean gentes extrañas que se relevan y estacionan en los sitios estratégicos. La Guardia civil trae la confidencia de que en una reunión de comunistas se ha acordado el asesinato del general Franco, habiéndose ofrecido voluntarios para ejecutarlo.

El gobernador conoce el complot, y como las garantías de vigilancia que ofrece son escasas, desde aquel momento los oficiales de la guarnición, por iniciativa del coronel de Estado Mayor señor González Peral, acuerdan montar una guardia personal permanente que proteja al general Franco. Todos los oficiales, sin excepción, se ofrecen para este servicio, que lo estiman de honor. El general desconocía cómo se le guardaba, y la custodia de que era objeto en todas sus salidas, y hasta la variación en los horarios que, sin su conocimiento, se hacía siempre que se anunciaba algún acto al que tuviera prometida su asistencia.

No obstante estas precauciones, las sectas marxistas no desistían en su proyecto de matar a Franco. Un atentado que iba a ser realizado en un festival en La Laguna, pudo ser malogrado. Los asesinos concertaron entonces la perpetración del crimen en la fiesta de las Alfombras de Flores en Villa de Orotava. También quedó frustrado el intento.

La noche del 13 de julio ocurrió la última criminal tentativa. Pretendían los sicarios escalar la tapia del jardín y llegar por él al pabellón central, donde se hallaban las habitaciones particulares de Franco. Los asaltantes eran tres. Cuando se encaramaron en la tapia, uno de los centinelas del jardín les echó el alto, y como no respondiesen, hizo fuego, poniéndolos en fuga. La guardia exterior disparó también, pero los malhechores consiguieron huir. Las autoridades civiles de la isla acudieron a la Comandancia para enterarse de lo ocurrido.

La esposa y la hija del general eran asimismo guardadas por un servicio de vigilancia, pues las amenazas de los esbirros alcanzaban también a ellas.

El día 14 de julio llegó a Santa Cruz de Tenerife el diplomático don José Antonio de Sangróniz, para informar al general, con quien la comunicación era tan difícil, de las últimas novedades relacionadas con el movimiento, y para concretar la fecha de su iniciación. El aeroplano que había de trasladar a Franco a Tetuán, llegaría al día siguiente a Las Palmas.

—Ahora hay que planear la salida...—dijo el general—. Tengo anunciada, y autorizada por el Ministerio, una visita de inspección a las islas de Fuerte ventura y Lanzarote. Puede ser el pretexto...

En la noche siguiente el general conversó extensamente con sus amigos sobre los futuros acontecimientos. Acababa de descifrar unas cartas con la ayuda de un pequeño libro que llevaba siempre consigo.

—Las cosas parecen encauzadas y a punto—exclamó el general—. Y no se puede esperar mucho más, porque los avances de la anarquía son tan considerables, que en poco tiempo habrá acabado con las posibilidades de reacción que todavía laten en España.

Alguno quiso poner un colofón a aquellas palabras con un pronóstico feliz:

—Dentro de una semana todo estará favorablemente resuelto.

Franco le miró fijamente y, pesando sus palabras, dijo con cierta severidad:

—Si el golpe militar se lograra, sí; pero el Gobierno dispone de muchos elementos...

Se hizo silencio en espera de que el general completara su pensamiento. Entonces profetizó:

—Si el golpe fracasa, la guerra civil será encarnizada y larga; los enemigos de España son muchos y poderosos.

Todos callaban. Por el balcón entreabierto se veía la exuberante flora tropical, arrullada por la brisa que venía en vuelo sobre el mar. Franco se irguió, y para disipar las sombras que habían dejado sus palabras, añadió:

—Yo tengo fe absoluta en el triunfo, y estoy convencido de que España, después del período difícil que necesariamente habrá de seguir a esa guerra, se repondrá pronto, por la facultad de recuperación que el país y sus habitantes poseen, para entrar en una era de esplendor y prosperidad.

* * *

En la mañana del 16, el teléfono llevó a Tenerife una noticia tan triste como inesperada.

El general don Amado Balmes, Comandante Militar de Las Palmas, había muerto al dispararsele una pistola que probaba en el Campo de Tiro de aquella ciudad. Era la primera víctima del movimiento, pues el general se dedicaba hacía días a probar armas de fuego "para que en el momento preciso los muchachos dispusieran de un armamento útil y no de cacharros".

Balmes estaba identificado con Franco; conocía lo que se preparaba en todos sus detalles, lo secundaba con entusiasmo y debía quedar de Comandante general sustituto.

Franco, muy contristado por la noticia, llamó al Ministerio de la Guerra para decir su propósito de trasladarse a Las Palmas y presidir el entierro. Al pedir esta comunicación, el general se volvió hacia los que le rodeaban:

—A lo mejor—insinuó—aprovechan esta ocasión para destituirme.

No ocurrió así. El subsecretario de la Guerra le autorizó, en nombre del ministro, para el viaje, y a las doce y media de la noche el general Franco, con su esposa e hija, embarcaban en el vapor interinsular *Viera y Clavijo*. Le acompañaban sus ayudantes, cuatro oficiales de escolta, dos de Infantería y dos de Artillería, y el fiscal jurídico señor Martínez Fusset.

En los muelles se hallaban todos los oficiales de la guarnición y muchos particulares. El general llevaba por todo equipaje una pequeña maleta, que contenía un traje negro.

Gimió largamente la sirena y comenzaron las despedidas. Franco, sin reflejar en su rostro las emociones que transían su alma, abrazaba a los compañeros y les decía palabras de ánimo y de confianza. El coronel González Peral fué el último en despedirle.

—¡Que Dios le acompañe, mi general!

—Así lo espero.

El barco enfilaba la noche atlántica. Poco después, era una diadema de luces temblorosas en el infinito, donde se confundía el cielo y el mar con lazada de sombras.

Todavía la gente en el muelle con los ojos pegados a aquella constelación de rubíes que se desvanecía en el misterio... Allí iba Franco, la gran esperanza, hacia su destino...

* * *

Una vez celebrado el entierro del general Balmes, al mediodía del 17, Franco dedicó todas las horas a recibir visitas en el hotel, de donde ya no salió.

A las tres de la madrugada fueron despertados con sobresalto los ayudantes y oficiales de escolta por el auditor señor Martínez Fusset, que traía una noticia sensacional.

—Las tropas de África se han sublevado. Extremen las precauciones.

Todos se vistieron en el acto y salieron al pasillo, donde a poco apareció Franco, que ya conocía lo que sucedía por haber sido informado a las dos y cuarto por el Comandante de Tenerife.

Iba de paisano y con un maletín en la mano. Montó en el coche que le aguardaba y se trasladó a la Comandancia. En las dependencias del Estado Mayor vistió el uniforme. En aquel momento llegó el general Orgaz—el primero en la sublevación, desde el año 1931—i, que a la mañana siguiente se posesionaba del Gobierno civil. La Comandancia cobró una súbita animación: entraban y salían oficiales, se cursaban órdenes, sonaban los teléfonos. El eje de España pasaba entonces por el despacho de Las Palmas. Franco redacta un manifiesto y dicta las primeras órdenes para asegurar el triunfo del movimiento en Canarias. En la Comandancia permanece hasta las once, en que sale para ir en busca del avión.

Nuevas despedidas. Aplausos al caudillo. El general repite la consigna de siempre:

—¡Fe ciega en el triunfo!

El automóvil le conduce hasta el muelle, donde le espera el remolcador que ha de trasladarle al aeródromo de Gando. Realiza el viaje por mar, pues la carretera pasa por algunos pueblos levantiscos. Una vacilación: Franco quiere decir adiós a su mujer y a su hijita. Rectifica en el acto.

—Dígales —encarga a uno de sus oficiales— que he salido a dar una vuelta y que las veré pronto.

Franco viste de luto. Va afeitado rigurosamente. Ha sacrificado el bigote. Lleva unas gatas y un pasaporte diplomático en el bolsillo.

Hay que prever cualquier contingencia en las escalas de Agadir y de Casablanca.

* * *

En el aeródromo de Gando se hallaba, desde la tarde del día 15, un bimotor misterioso, *O-H- Rapide,* de seis plazas, que llegó procedente de Croydon trayendo a unos turistas ingleses. Eran éstos el comandante Hugo B. C. Pollard, perito en armas de la Scotlan Yárd; su hija Diana, una belleza rubia de diecinueve años, y la amiga de ésta, joven y hermosa también, Dorotea Watson.

¿ Cómo y por qué llegaron hasta Las Palmas ?

Acordado que el general Franco se trasladara en avión a Tetuán, se le encomendó a don Francisco Herrera Oria, que actuaba como agente de enlace, el alquiler de un avión rápido. Pronto logró aquél el dinero necesario, y avisó para que cumplimentara el encargo al escritor Luis A. Bolin, que residía en Londres. El escritor hizo el contrato con la Compañía Aérea Olley, e invitó a su amigo Mr. Pollard para que, en compañía de su hija y de alguna otra dama, fueran en calidad de turistas, para alejar toda sospecha por la presencia del avión en Las Palmas.

Conduciría el aparato el capitán Beeb, experto piloto que había realizado vuelos famosos.

—¿ Se compromete usted—le había preguntado Bolín—a realizar un vuelo hasta Canarias? Tiene que ser con la condición expresa de no aterrizar, por ningún pretexto, en territorio español. Una vez en Las Palmas, recogerá a "cierta persona" para trasladarla a Tetuán.

El capitán aceptó.

El día 11 salieron de Croydon (Londres). Escalas en Burdeos y Oporto para aprovisionarse de gasolina. Otra en Casablanca, donde queda Bolín a la espera del regreso, pues ha de acompañar al general Franco en su vuelo a Tetuán. Y, finalmente, Las Palmas. Allí, el piloto, el mecánico y los viajeros ingleses, desconocedores de todo lo que se trama, se ven sorprendidos y confusos.

El capitán Beed ha descrito lo que fueron para él aquellos días de misterio e incertidumbre. "Instalado en el hotel—cuenta—, al día siguiente de mi llegada me tendí en la cama para dormir la siesta, cuando oí que llamaban discretamente a la puerta.

—Adelante—grité.

El visitante, para mí desconocido, se excusó por la molestia que me causaba, e inició acto seguido un largo interrogatorio, sin que yo alcanzara la finalidad de sus preguntas. Quiso saber la razón de mi viaje a Las Palmas sin traer los papeles en regla, quién era yo, con qué personas había realizado el vuelo...

Me limité a responder que era un piloto de aviación al servicio de unos turistas y con un aparato alquilado. Y cuando la conversación tocaba a su término, el desconocido, con voz confidencial, me dijo:

—El general desea verle.

—¿Qué general?

—¡Chist!

Y sin más, me hizo esta última pregunta:

—¿Sabe usted dónde está la iglesia?

—¿La iglesia?... Sé dónde está la catedral.

—Bien. Con eso nos basta: a las cuatro en punto debe usted encontrarse junto a la puerta principal. Un coche se detendrá ante usted y el conductor hará una señal. Suba al vehículo inmediatamente y él le llevará a la montaña."

(Conviene advertir que este y otros interrogatorios sibilinos con el piloto eran motivados porque los comprometidos de Las Palmas, por no haber recibido con puntualidad la noticia sobre las características del avión, no sabían exactamente si el recién llegado era el enviado para recoger al general Franco, e investigaban para averiguarlo.)

"Un poco más tarde—continúa el capitán Beed— me presentaron al general Orgaz, quien asimismo comenzó a interrogarme, repitiéndose un diálogo parecido al que tuvo lugar en el hotel. Acabó confiándome que "cierta persona esperaba la llegada de un aviador inglés y que debía tratarse de mí".

Yo andaba a ciegas y en pleno misterio. Pero las cosas no terminaron aquí, pues apenas me despedí del general Orgaz, vino a mi encuentro otro español y me hizo comprender, en términos poco disimulados, que era mejor que olvidara todo lo ocurrido y no pensara más en ello.

¿Todo lo ocurrido? La verdad es que me sería difícil reconstruir lo pasado. Ya veremos en qué acaba esto—pensé—.

Aquella noche y en la mañana siguiente quedé tranquilo, pero por la tarde se reprodujo la maniobra. Hacia las cuatro, un nuevo mensajero vino a visitarme. Hablaba un inglés impecable. ¿Se trataba de un compatriota? No. Jamás he visto un tipo castellano más puro. Tras de muy amables saludos, me rogó que le siguiera hasta la terraza, donde después de cerciorarse de que no había nadie por los alrededores, me leyó una hoja en la que constaba esta orden: "Condúzcalo ante cierta persona."

Por fin iba a descubrir el enigma. Iba a conocer seguramente a la persona que poseía todos los hilos de aquella intriga. Pero a última hora hubo contraorden y se decidió que saliera hacia la montaña, donde permanecería oculto hasta que mi pasajero estuviera dispuesto para emprender el viaje.

Al día siguiente las cosas comenzaron a aclararse. El visitante español de la víspera vino a buscarme a las cuatro de la madrugada, y, dando muestras de agitación, me dijo que había llegado el momento. No hablaba para nada de ir a la montaña. El desenlace se aproximaba. Acabaría por saberlo todo. Me vestí apresuradamente y seguí al desconocido hasta una habitación cercana.

Allí esperé hasta las once y cincuenta y cinco minutos de la mañana, en que se me previno para que estuviera preparado. A las doce en punto recibí la segunda orden, más breve e imperativa:

FRANCO

¡Salga!

Escoltado por un destacamento de motociclistas armados, fui conducido al aeródromo. El coche marchaba a toda velocidad, que sólo disminuía en parajes convenidos, donde algunos emisarios enviados para reconocer el terreno nos indicaban con un gesto rápido que la carretera estaba libre.

Divisé mi avión en medio del campo, listo para la partida.

—¿Están llenos los depósitos?—pregunté.

—Todo está listo—me respondió un mecánico.

—¿Y el pasajero?

—Mírelo."

* * *

En la playa cercana varaba un remolcador y sus pasajeros eran transportados a tierra a hombros de los marinos. Uno de aquéllos, más decidido, se adelanta, llega hasta el piloto y, tendiéndole la mano, le dice:

—Yo soy el general Franco.

Los motores comienzan a rotar. El general se despider de uno en uno, de cuantos le rodean. Cruzan los ojos ráfagas anhelantes: pálidos los rostros por la emoción. El general, sereno, reitera sus consejos. Con él embarcan el aviador militar Villalobos y su ayudante Franco Salgado.

El avión corre por el campo... Ya está en lo alto. Se pierde en la lejanía azul.

Eran exactamente las dos y diez minutos del día 18 de julio de 1936, memorable en la Historia de España.

* * *

Una breve escala en Agadir, y adelante hacia Casablanca, en donde aterriza a las nueve y media de la noche. Allí estaba Bolin, que durante cuatro días ejercitó su paciencia, a la espera de este avión cargado de promesas y de un imponderable tesoro de ilusión.

Desde el aeródromo los viajeros se trasladaron a un hotelito de las inmediaciones, donde, después de comer, enhebraron una conversación, que la sostuvo casi en su totalidad el general Franco, sobre el tema que iluminaba rebosando su espíritu de claridades: España y su futuro...

¡Qué lección de buen gobierno la que dio en aquellas horas de la noche y de la madrugada, horas trascendentales en que renacía la patria!

Eran las tres de la madrugada.

—General—le recordó Bolin—, piense usted en el día de emociones y de trabajo que le aguarda.

—En efecto, ya es muy tarde para dormir.

—Entonces...

—Voy a bañarme...

A las cuatro de la mañana salieron para el aeródromo y media hora después reanudaban el vuelo. El sol del nuevo día les sorprendió sobre los montes de Beni-Arós, encendidos en rosa y oro. Franco reconoce las guájaras, las escarpaduras y las crestas por sus nombres.

Cruzaban bajo un cielo radiante. A las siete de la mañana, Tetuán surgió en la lejanía ofuscante con rebrillos de espejismo. ¡Tetuán! En el aeródromo, un hormiguero humano. El avión revolotea a poca altura y Franco reconoce a algunos amigos.

Al fin, en tierra. El trémolo del motor todavía, vítores y aplausos. Franco aparece sonriente. El teniente coronel Yagüe, al pie del aparato. Fuerzas de la Legión le rinden honores.

En la Alta Comisaría se congregan los jefes y oficiales de Regulares, de la Legión y de las Mejalas, los hombres que en breve conmoverán a España con su valor, héroes que lloran al oír a Franco un lenguaje que ya parecía desterrado y olvidado para siempre.

¡Aquella voz sí que era España! Voz del corazón y de la Patria.

—Llegábamos—decía Franco—a los momentos en que se sentía vergüenza de ser españoles y de llevar este uniforme, que era nuestro honor, nuestro orgullo, nuestro patrimonio espiritual.

Ya estamos en el camino. Cada uno a su puesto. A cumplir su deber. Por España y para España, todo nos parecerá poco. La vida ofrendada en su holocausto es una gloria cuando la Patria ha reconquistado su ser, su espíritu y su grandeza y se ha vuelto a encontrar a sí misma.

Los oficiales escuchan con el ánimo fuerte, los músculos tremantes, las lágrimas en los ojos. La emoción rompe al final en vítores y aplausos.

Desde allí, el general va a arengar a las Banderas de la Legión, formadas en Dar Riffien. A punto de salir, un oficial le avisa:

—Mi general, unos barcos sospechosos navegan por las inmediaciones de Ceuta y no contestan a las señales que se les hacen.

—Que las repitan, y si no contestan se les hace fuego.

* * *

Por la noche la voz de Franco, verbo de la victoria, llegaba por el milagro de la radio a toda España:

"Al tomar en Tetuán el mando de este glorioso y patriótico Ejército, envío a las guarniciones lea- les para con su Patria el más entusiasta de los saludos. España se ha salvado. Podéis enorgulleceros de ser españoles...

"Tened fe ciega. No dudad nunca. Firme energía, sin vacilaciones, pues la Patria lo exige. El movimiento es arrollador. Ya no hay fuerza humana para contenerlo. El abrazo más fuerte y el más grande. ¡Viva España!..."

Y Franco se dispuso a pasar su tercera noche en claro, dedicada al trabajo.

* * *

Al recibirse en Madrid las primeras noticias del alzamiento militar en Marruecos, Azaña, Presidente de la República, siente la misma preocupación que le desasosegaba aquella mañana del 10 de agosto de 1932, cuando la sublevación del general Sanjurjo. Como entonces preguntaba al gobernador de La Corana, reclama ahora con insistencia al ministro de la Guerra:

—¿Qué hace Franco?

En su deseo de tranquilizar el nerviosismo del Presidente, Casares Quiroga le responde:

—Está bien guardado en Cananas.

LA BATALLA DEL ESTRECHO

No son buenas las noticias que llegan a Franco en los primeros días de Tetuán. Las esperanzas parecen derrumbarse en fracaso.

La Marina, ya roja, corta el paso del Estrecho a las tropas. España ofrece una visión confusa, que a cada jornada se concreta con más trágicos contornos. El Ejército del Norte carece de material, de municiones y de lo más indispensable para guerrear. Las emisoras rojas cantan la victoria de "las fuerzas leales" en Madrid, Vizcaya, Guipúzcoa y en Santander, Levante y Cataluña. Todo el Sur está en llamas, y Queipo de Llano, con muy escasos elementos, se multiplica por acudir a donde le llaman con voces anhelantes de socorro, a la vez que se sostiene con improvisaciones geniales en Sevilla, que denominaban "la roja" y a la que la revolución la tuvo siempre por suya.

Tenemos en contra a la Escuadra y a gran parte de la diplomacia; el oro queda en poder del Gobierno de Madrid; hemos perdido los mejores parques de Artillería, con el armamento de divisiones enteras que han quedado en la zona marxista. ¡Qué racha negra y siniestra de infortunios! Muere trágicamente Sanjurjo, el *Churruca* se nos va de las manos, la guarnición de Barcelona perece gloriosamente, buena parte de la Aviación está en poder del enemigo.

España pone sus ojos y su esperanza en el general Franco, que tiene que abrirse paso por aquella selva enmarañada de adversidades y desdichas.

Jamás—cuenta uno de sus íntimos—vimos al general más dueño de sus actos que en aquel entonces. Lejos de rendirse al peso de las desgracias que los días acumulaban, se erguía desafiante. Contemplaba indiferente y sin sufrir vértigo las simas pavorosas de la catástrofe que se abrían a sus pies.

¿De dónde extraía aquella fortaleza que le hacía invencible? Se sucedían las noticias desoladoras, captadas, unas por radio, y otras venidas en despachos misteriosos, velados por la clave y que él personalmente descifraba. Mensajes de Mola, de Queipo de Llano, de Aranda...

Franco devoraba estas tragedias en silencio, sin que asomara a su rostro ni una chispa de aquella fragua encendida en su alma. A los que le rodeaban impacientes por saber, los aplacaba diciendo:

—Buenas noticias.

Y continuaba su trabajo. Ni una sola vez la referencia de un suceso adverso interrumpió o retrasó su labor. Al fracaso de aquí o allá, respondía con otra fórmula inmediata. Si se desplomaba un frente, alzaba otro. Su cerebro preveía todas las contingencias.

—Las tropas no pueden cruzar el Estrecho.

—Pasarán por el aire.

Y se puso a organizar una sociedad de transporte aéreo, pues las naciones sólo se avenían a venderle aviones comerciales. Diez días después llegaban a Tetuán los dos primeros aviones capaces para transportar veinticinco hombres cada uno.

* * *

Un día, a finales de julio, empezaron a congregarse en aguas de Tánger los barcos que pertenecieron a la Escuadra. Llegaban sueltos y por distintas rutas, convocados por una orden del Ministerio de Marina de Madrid.

Aquellos barcos reunidos, ya no componían la Armada española. Eran otra cosa: la Escuadra roja. Sobre sus cubiertas, las lucidas marinerías de antaño se habían trocado en unas hordas que alzaban sus puños manchados con sangre de crimen, pues habían matado a los oficiales cumpliendo la orden del Ministerio de Marina. Las tripulaciones no eran más que unas gavillas de asesinos, asombrados de verse en libertad y en posesión de unos buques que iban por los mares, cargados de ignominia, como esos barcos fantasmas de las leyendas, que llevan unas tripulaciones de coléricos o de piratas.

Acudían más barcos. Cruceros, torpederos, contratorpederos, cañoneros, guardacostas, barcos auxiliares...

La llegada de cada uno de ellos prolongaba con un nuevo y espantoso capítulo el drama de la Armada española.

Siempre la misma escena de terror y de sangre. Los oficiales, o degollados, o presos en las bodegas, o entregados ya a las turbas o a la furia de un tribunal popular en un puerto rojo.

Atardecía el día 20, cuando se columbraron en el horizonte los penachos de humo de un gran buque. Era el acorazado *Jaime I*. Llegaba escoltado por los cruceros *Miguel de Cervantes* y *Libertad*, que habían salido a su encuentro.

Era el gigante con las entrañas desgarradas. El castillo flotante donde unos héroes refugiados en el puente, cercados por la inmensidad del océano, se habían enfrentado con la tripulación amotinada, que pasó desde aquel momento a ser "la gloriosa marinería" a la que el señor Giral, presidente a la sazón del Gobierno, felicita entusiásticamente y le ordena que arroje al mar los cadáveres "con solemnidad respetuosa".

Y, con la incorporación del *Jaime 1*, queda completa en Tánger la Escuadra roja, dispuesta a iniciar sus operaciones. "La Escuadra es nuestra", grita aquella noche Indalecio Prieto desde el micrófono de Madrid.

¡Con qué fruición lo repiten las otras radios! Dueños de la Escuadra, las tropas de África tenían que consumirse impotentes en la zona del Protectorado, y los sublevados en España perdían el mejor auxilio.

* * *

Desde el día siguiente, los barcos comenzaron a bombardear algunos lugares de la costa española en poder del Ejército. Realizada la fechoría, regresan a Tánger, donde se aprovisionan, mientras sus tripulaciones fraternizan con los elementos revolucionarios en la ciudad, a la par que maquinan alguna incursión por el Marruecos español.

Fué entonces cuando la Comisión de la Zona internacional recibió una nota conminatoria del general Franco, en la que denunciaba a las potencias signatarias del Estatuto el quebrantamiento de la neutralidad pactada, en favor de un beligerante. Por si el abuso persistía, el general "se reservaba el derecho de utilizar Tánger como mejor conviniera a la causa de España, que era la que él defendía".

La nota llegó acompañada de ruido de armas. La línea fronteriza del Marruecos español con la zona de Tánger se pobló de soldados. La ciudad vivió unas horas de inquietud, temerosa de ver aparecer en sus calles las guerrillas de legionarios.

Inmediatamente acudieron a la bahía de Tánger buques de guerra de todas las potencias signantes del Estatuto, que desembarcaban contingentes de marinos para proteger la neutralidad de la zona.

El general Franco puntualizaba en nueva nota las razones que impedían la permanencia de los barcos rojos en Tánger- Eran barcos en situación anormal, que debían ser considerados como piratas, pues su oficialidad había sido asesinada. Se abastecían en un puerto neutral, y sus tripulaciones trataban de armar a ciertos españoles de Tánger para lanzarlos contra Tetuán o Ceuta. Todo lo cual transgredía los tratados internacionales que neutralizaban a Tánger.

Al recibo de estas notas, el Comité de Control de la Zona internacional se dirige al Gobierno de Madrid y le hace responsable de aquella grave situación, invitándole a que sin pérdida de tiempo ordene la salida de los barcos de Tánger, pues de lo contrario "tendrán que considerarse prisioneros de las escuadras francesa, inglesa, italiana y portuguesa que se hallan en aquel puerto".

El 23 de julio, por la noche, los buques rojos abandonaban a Tánger.

El presidente del Comité de Control se trasladaba a Tetuán para rogar a Franco que retirase sus tropas de la frontera.

El general respondió que él estaba dispuesto a respetar los derechos estatuidos, pero que exigía que todos los respetaran por igual.

Por dos o tres veces todavía, submarinos y torpederos rojos vuelven a Tánger para guarecerse. La protesta de Franco no se hace esperar. Sus tropas continúan concentradas en la frontera. A la vez, denuncia al Comandante general de Gibraltar que en aquel puerto se aprovisionan de esencia y de víveres barcos piratas.

El día 6 de agosto reaparecen en Tánger los barcos rojos. La reclamación del general Franco es tan concreta, que equivale a un "ultimátum". La Comisión internacional exige de Madrid la inmediata salida de la Escuadra. Aquella misma noche los barcos abandonaban a Tánger definitivamente, y las tropas españolas se retiraban de la frontera.

* * *

Con la batalla del Estrecho, el general Franco consigue un éxito fundamental para el desarrollo de la guerra. Dueño de África y señor del Estrecho, el Ejército, en el aspecto estrictamente internacional, deja de ser "faccioso" para convertirse en beligerante.

Desde que Marruecos se incorpora de modo tan absoluto al movimiento, Franco tiene en sus manos la prenda segura del triunfo. Porque la posesión de Marruecos y del Estrecho era vital para la causa. Por esa zona conjugamos nuestra política internacional. Marruecos y el Estrecho eran nuestro contacto con las potencias extranjeras. Por Algeciras y Ceuta confinábamos con Inglaterra, y por Tánger con las naciones signatarias del Estatuto.

Tales naciones no podían desconocer que las fronteras de Tánger y las orillas del Estrecho estaban en poder de los que Madrid llamaba "facciosos", pero que en realidad eran los que dominaban, sin riesgo de perder la posesión y con autoridad indiscutible. El hecho no sólo tenía que ser reconocido, sino también respetado.

Nada desespera tanto a los rojos como este suceso. Desde Azaña hasta Alvarez del Vayo, pasando por todos los escarabajos rojos que pelotean en las cancillerías, buscan tergiversadas fórmulas para descomponer ese éxito de Franco, y en su demencia llegan incluso a brindar a las naciones interesadas la ocasión de arrebañar en Marruecos, con el pretexto de que la soberanía corresponde al Sultán y, por delegación, "al Gobierno legítimo de España".

Ninguna se atreve a acometer tan peligroso negocio, aun poniéndoselo al alcance de su codicia.

Entonces el Gobierno de Madrid intenta la sublevación de las cábilas. Las hurga desde las radios con rabiosos discursos en árabe, soborna a los indeseables y envía agentes para que hagan fermentar la insurrección.

No consigue nada. Marruecos está con el Ejército. Los moros sienten veneración por Franco, cuyas proezas guerreras les subyugan. Le denominan "El Victorioso", "Jefe de Jefes", "Sagrado", "Bravo como el león".

No están agotados los procedimientos convincentes. Los barcos y los aviones rojos pretenden dominar por el terror. La Escuadra bombardea Ceuta, los aeroplanos la Mezquita grande de Tetuán.

Los moros, irritados, se lanzan a la calle, pidiendo armas para combatir al enemigo. El Gran Visir los sosiega y convence.

"El general Franco—les dice—, grande y noble por la voluntad de Dios, sabe que cuenta con nuestros corazones y con nuestros brazos. El general Franco está con nosotros."

* * *

Aunque seguía el transporte de tropas y de material de guerra, incluso de baterías completas, en aviones que aterrizaban en Sevilla y en Jerez, y algún arriesgado paso, como el de una compañía de la 5.a Bandera, que lo hizo en dos faluchos, el general Franco consideró posible el traslado en mayor proporción y por mar. Y, al efecto, pensó en organizar un convoy que sería protegido por el cañonero *Dato* y por los aviones.

Sometió el proyecto a estudio y consejo de algunos jefes militares y de técnicos navales, los cuales lo rechazaron desde el principio, por no considerarlo dable. Desafiar a la flota roja con unos barcos mercantes escoltados por un cañonero, les parecía temeridad que podía costar muy cara, y con escasas posibilidades de éxito.

Mas el general insistía y argumentaba su propósito, rechazando por inaceptables e inexactas las objeciones de los jefes y técnicos, ya que éstos partían de un principio falso, y era que a la flota roja le concedían el poderío y valor de una Escuadra normal, calculando por el tonelaje y los cañones, cuando, a juicio de Franco, aquellos barcos sin oficiales ni mando regular sólo eran sombras, y su poder ofensivo de pura apariencia y de muy escasa eficacia.

Y con tal empeño defendió su proyecto, que acabó por imponerlo, con lo que comenzaron los preparativos de aquel convoy, que había de ser una de las hazañas más brillantes de la guerra.

Salió el convoy de Ceuta en las primeras horas de la tarde del 5 de agosto. Se componía de cinco barcos de la Transmediterránea, que transportaban tres mil hombres entre regulares y legionarios, tres baterías, personal de Ingenieros con ganado, armamento y víveres, dos millones de cartuchos, doce toneladas de dinamita y tres mil granadas de cañón.

Se internaban los barcos, y su marcha era seguida con la máxima curiosidad, pues todos sabían cuánto se arriesgaba en aquel viaje y lo que se jugaba con él para el futuro de la guerra.

Vencieron la mitad de la travesía sin novedad, y a poco más se observó la aparición de un contratorpedero que iba sobre el convoy. Era el *Alcalá Galiano.*

El *Dato* salió a su encuentro, y así que estuvieron a tiro, abrieron los dos el fuego de sus cañones y quedó trabado combate, en el que participaba también uno de los transportes, que estaba armado.

Regulares y legionarios, sobre cubierta, con los fusiles en la mano, pedían el abordaje para apoderarse del buque.

Mas el contratorpedero rojo era mantenido a larga distancia por el *Dato,* que, por tener cañones más cortos, se veía forzado a adentrarse en la zona de fuego, yendo decidido hacia el barco rojo, al que acometía con sin igual heroísmo, rivalizando oficiales y marineros en bravura y en desprecio a la muerte.

Estaba en todo su apogeo la lucha, cuando asomaron en el espacio varios aviones que procedían de Sevilla y comenzaron a dar sus voladas sobre el *Alcalá Galiano,* el cual ya no necesitó más para virar en redondo e iniciar la huida a una velocidad de treinta millas, "contrastando su conducta—según el informe oficial—con la del *Dato,* cuyo comandante, don Manuel Súnico, se portó como los buenos, pues el *Alcalá Galiano* pudo echar a pique a todos los barcos impunemente, lo que no ocurrió, afortunadamente, por falta de pericia y sobra de miedo".

El convoy entró sin percance en Algeciras, con la consiguiente alegría para los españoles. Franco no pudo ocultar su satisfacción porque sus predicciones se hubieran cumplido tan a la letra.

—Es el triunfo de la fe y de la disciplina. Dios nos ayuda—exclamó.

El general Franco dio cuenta del hecho a la Base Naval de El Ferrol con el siguiente radiograma:

"Día de ayer llevamos a cabo operación batida escuadra en el Estrecho y llegamos a Algeciras con un convoy de cinco barcos con material y tropas, acompañados por acción aérea y naval, un cañonero (el *Dato*), un torpedero (el *19*) y un *Uad*. Acción aérea admirable y eficaz, logrando despejar camino. Pero ya en aguas inglesas, un destructor que se vio acosado por aviones, nos retrasó paso. Destructor desembarcó en Gibraltar 18 muertos y 28 heridos graves hechos por nuestros hidros. Logramos que gobernador Gibraltar le obligase a hacerse a la mar. Llegaron otros barcos escuadra que fueron ahuyentados por nuestros aviones, haciéndoles importantes blancos. Destructor *Lazaga* acudió en auxilio barcos enemigos. Los demás fueron huidos. Hubo nuevo intento de ataque y el cañonero *Dato* puso en fuga a enemigo. La escuadra tuvo importantes bajas, con muchos muertos y heridos. Por nuestra parte no tuvimos una sola baja ni daños en el material. En el desembarco participó brillantísimamente actuación cañonero *Dato*, torpedero *19* y *Uad-K. R, T.*, que batiéronse con gran entusiasmo y eficacia, así como los hidros de la Marina, que hicieron importantes blancos a destructores, todos con eficacia. ¡Viva la Marina española!"

Nuevos convoyes van a seguir a este que ha atravesado el Estrecho con tan singular fortuna. El paso de Gibraltar es de los españoles.

La escuadra roja no es ya más que una colección de barcos inútiles, agazapados, como dragones sin zarpas ni colmillos, en las cuevas mediterráneas.

Pocos días después el general Franco se traslada también al lado de sus tropas, que, organizadas en columnas, inician la conquista de Extremadura y abren el camino de Madrid.

FRANCO EN CÁCERES

Apaciguada la provincia de Sevilla, conquistada Mérida y abierta la brecha de Badajoz, el Ejército del Sur asciende en busca de la línea del Tajo, en gloriosas jornadas que alumbran los soles ardientes de agosto.

¡El Ejército del Sur!, tromba impetuosa de moros y legionarios, conducidos por capitanes de España—Várela, Yagüe, Asensio, Castejon, el Mizzián, Barrón, Serrano—, que atraviesan los campos resecos envueltos en tolvaneras y humos de pólvora. Soportan, sobre el fuego de la canícula, el del combate, y van dejando una huella de carmín, flor de heroísmo, en los campos sedientos y amarillos de Extremadura y Toledo.

Franco, General en Jefe del Ejército de África y Sur de España, para mandar más de cerca a sus tropas, abandona el palacio de Yanduri, en Sevilla, donde tenía su Cuartel General, y se traslada en avión a Cáceres, en la "tarde del 26 de agosto, instalándose en el palacio llamado de los Golfines de Arriba—el más amplio de todos los de la vieja ciudad—, de muros recios y acorazados, cual corresponden a un edificio medieval, que tuvo sus almenas y sus torres, sus aspilleras y sus cisternas, y que hoy, restaurado y acomodado en su interior a las exigencias modernas por su actual dueño, *don* Gonzalo López Montenegro y Carvajal, no ha perdido con estas novedades nobleza, ni atuendo, ni sabor antiguo.

Está el palacio en el barrio de San Mateo, el de las mansiones con muros de piedra dorada, robustos como murallas y floridos de heráldicas.

Del amplio zaguán, con su farolón, se pasa, a la izquierda y a piso llano, a cuatro habitaciones sucesivas, puestas a la española, con zócalos oscuros, y cubiertas de damasco rojo las paredes.

Con celeridad pasmosa se hizo la instalación en dichas habitaciones de las oficinas que requería el Cuartel General, y a las pocas horas se rompía el sosiego de la casa, que trepidaba como si tuviera concentrada la potencia nerviosa de la guerra.

Quedaron montadas la Secretaría política y la sala de ayudantes, inmediata al despacho del general, y en éste, los teléfonos. Tres estaciones de radio, articuladas con rapidez inconcebible, completaban los servicios de comunicación.

En una sala contigua al despacho del general se armaron los caballetes que habían de sostener los tableros con los inmensos mapas y planos topográficos, enfocados por la vivísima luz de unos proyectores.

Todavía se habilitan seis despachos más para los oficiales del Estado Mayor.

Desde el punto y hora de la llegada de Franco, la casa vibra febril y ajetreada, y ya no sosegará día ni noche.

* * *

El despacho del general Franco es una estancia reducida, alta de techo y con el suelo de azulejos rojos y pulidos, con yelmos y leones en verde y blanco. Frente a la mesa, un tresillo nada lujoso, forrado en cuero negro. A la derecha, una biblioteca que sale en ángulo. A la izquierda, una gran ventana cruzada de barrotes, por la que se descubre un muro de piedra renegrida, colgado de yedra.

Repisas colmadas de retratos. Cuadro con árboles genealógicos. Una caja de caudales.

Sobre la mesa, de estilo español, se amontonan los papeles sujetos por trozos de mineral. Una lámpara, con su pantalla morada.

A las ocho de la mañana el general entra en el despacho. Come a las tres, a las tres y media o las cuatro, según lo consienten las exigencias del día. A las cinco reanuda su labor, que dura a veces hasta las tres o cuatro de la madrugada, con una breve interrupción para la cena.

Franco pasa largas, inacabables horas de estudio y meditación sobre los mapas y planos, desentrañando el secreto de sus filigranas y de sus anotaciones. Escucha el secreto lenguaje que le hablan los signos aritméticos y geométricos, y revive la batalla como si la tuviera ante sus ojos, sobre aquellos caballetes, presente y palpitante con su fragor y aparato.

Sigue con tal puntualidad las incidencias de la lucha, que sabe al minuto dónde se avanza y dónde la resistencia del enemigo es más tenaz y peligrosa. Conoce la importancia de los elementos que entran en combate, cuál es nuestra ventaja y dónde se resiente nuestra debilidad.

Por eso puede hacer anotaciones cómo éstas:

—Esa batería no está bien situada: no podrá aguantar ahí. Emplazadla al resguardo de ese montéenlo que está a seiscientos metros a vuestra derecha...

En ese despacho y con la colaboración valiosa del Estado Mayor, se estudian los objetivos de cada operación, se coordinan los movimientos de las tropas que han de intervenir, se concierta y enlaza la acción artillera con la aérea, se sitúan las reservas, se prevé el gasto de municiones. El general Franco dirige el Ejército del Sur, pero está también atento a las incidencias de toda la línea de combate, que ondula a lo largo de España con una extensión aproximada de tres mil kilómetros.

Al anochecer se hace el balance de la jornada. La primera pregunta de Franco es para interesarse por el número de bajas. Su semblante refleja la impresión que le produce la respuesta.

Este balance es el que motiva las más cálidas felicitaciones o las más severas reconvenciones. El general no olvida a sus soldados. Se interesa por los heridos y anhela conocer referencias sobre actos de valor y las anécdotas que acreditan el heroísmo de las tropas.

Y con frecuencia, al escucharlas, sus ojos se llenan de lágrimas.

* * *

Un día el jefe de Prensa, señor Bolín, cuenta al general el suceso ocurrido en un hospital del frente.

Ingresó en una de las salas donde había encamados bastantes legionarios, un teniente de la Legión gravemente herido y devorado por una fiebre que le tenía delirante.

El oficial, en su desvarío, se creía en la línea de fuego, en lo más recio y empeñado de la pelea, y arengaba a los legionarios con palabra alterada y encendida por la calentura, animándolos al asalto.

Su discurso resonaba en la sala y todos callaban para escuchar aquella voz, impregnada de nostalgias bélicas, que era como el aliento fogoso del combate que atravesaba la estancia, sólo turbada hasta entonces por el temblor de ayes y suspiros.

De pronto calló el herido, y sustituyó a su discurso al resollar fatigoso del estertor. Mas a los pocos minutos se animó de súbito y clamó con voz desgarrada y trágica:

—¡A mí la Legión! ¡A mí la Legión!.[8]

Al oír esta llamada, se incorporaron como a impulso de una fuerza misteriosa y sobrehumana todos los legionarios que se hallaban en sus lechos, y los abandonaron algunos

---

[8] Impone el Credo de la Legión, que a la voz de "¡A mí la Legión!", sea donde sea, acudirán todos, y con razón o sin ella, defenderán al legionario que pida auxilio.

penosamente, para trasladarse hacia la cama del agonizante, que seguía clamando:

—¡A mí la Legión! ¡A mí la Legión!

Iban los legionarios como magnetizados: renqueantes, apoyados en sus muletas, con los brazos en cabestrillo o con las cabezas vendadas. Arrebolados por la fiebre unos, pálidos y desencajados otros, obedientes a aquel mandato implacable, sin que las monjas y enfermeras pudieran contenerlos, a pesar de que insistían:

—¿No ven que delira?... ¿No ven que no sabe lo que dice? Ellos respondían:

—Nos llama... Nos llama...

Y los legionarios—la Legión de los martirizados—rodearon en guardia de honor y lealtad el lecho donde el oficial, jadeante y convulso, se inmovilizaba para siempre...

Cuando Bolin acabó su relato, el general Franco lloraba.

—Que se averigüen—pidió—los nombres de ese oficial y de esos legionarios.

* * *

Franco pasa varias semanas en Cáceres, sin salir ni un solo día a la calle. Su vida transcurre en el despacho, junto a los teléfonos y los mapas. Los domingos oye misa en el oratorio de la casa. Con frecuencia recorre los frentes.

Unas horas de la tarde las dedica a las visitas: las de generales y jefes que le refieren las novedades de sus columnas; las de aviadores que le cuentan las averiguaciones hechas en sus vuelos; las de algunos diplomáticos o periodistas extranjeros...

El día 23 de septiembre le aguarda una grata sorpresa. Llega a Cáceres doña Carmen Polo, esposa del general, que ha hecho el viaje desde Canarias. Cuando entra en palacio, Franco preside una reunión de jefes. La esposa ha de esperar más de una hora para ser recibida. La guerra tiránica impone sus privilegios indiscutibles.

* * *

El día 26 de" septiembre, por la tarde, el general dice a su Estado Mayor:

—Mañana entraremos en Toledo y serán liberados los del Alcázar.

La predicción del coronel Moscardó se va a cumplir. En su *Diario de operaciones* el coronel escribe:

"Día 21 de julio. El general Riquelme, por la noche, me llamó desde Toledo conminándome a la rendición, preguntándome qué motivos había para la actitud adoptada, contestándole que, ante todo, el amor a España, que se veía en poder del marxismo, la deshonrosa e indigna orden de entregar a las milicias rojas el armamento de los caballeros cadetes, y nuestra confianza ciega en el general Franco."

El 23 de agosto un avión lleva a los sitiados un mensaje con un abrazo del Ejército de Franco, animándolos a persistir en la resistencia.

El general ha tenido presente en su memoria, desde el primer día, este reducto del Alcázar sitiado por el marxismo, y ha presentado la epopeya que se desarrollaba en los subterráneos que conoce tan bien.

Franco pasa la noche en conferencia con Várela. La sexta Bandera de la Legión se ha apoderado de Bargas. Las fuerzas están en disposición de entrar en Toledo. Y al día siguiente, domingo, 27 de septiembre, los legionarios de la quinta Bandera, que manda Tiede Zedem, y el tabor de Regulares de Del Oro ganan para España la imperial ciudad, y los defensores del Alcázar salen de entre los escombros, libres e invictos.

* * *

El general Franco acude a felicitar a los héroes. En la mañana del día 29, sube por aquella montaña de ruinas, entre las cuales hay todavía granadas de mano y proyectiles de cañón sin estallar, como el peregrino que escala un monte sagrado que ha surgido a impulso de la fe en un ideal y de un sacrificio superior a todos los esfuerzos por inutilizarlo.

Por aquel camino de escombros llega hasta la desolación del patio, donde le aguarda el coronel Moscardo, nervio de la resistencia y alma de las ruinas, verdadero señor de este Alcázar de hoy, que tiene sobre el de ayer la gloria y la pesadumbre del asedio. Moscardo, alto, severo, descuidada la barba, y con la profunda demacración que es la augusta fatiga del martirio. Como el varón justo de Horacio, aunque el universo se desplome y caiga hecho pedazos, le cogerá impávido.

—Mi general—le dice a Franco—, le entrego el Alcázar derruido, pero el honor ha quedado intacto.

—Nada ambicioné tanto en mi vida—le responde—como liberar el Alcázar.

En el patio está formada la legión de los invencibles: oficiales y soldados, cadetes, guardias civiles, de Seguridad, de Asalto, paisanos; todos rotos, sucios, desgreñados y exhaustos, con la mirada abrasada en los ardores de la fiebre.

A la galería asomaban también, en grupos, mujeres y niños, extenuados y macilentos: los pobladores de aquellas catacumbas, donde consumieron los dos meses más dramáticos de su vida.

En aquel escenario que antes era de horror y ahora es de apoteosis, con sus columnas truncadas, hierros retorcidos, piedras pulverizadas, Moscardó habla para decir:

—Juramos entregar nuestra vida a la Patria antes que rendirnos, y hemos sido fieles a nuestro juramento. Con el pensamiento puesto en España, en nuestras gloriosas tradiciones y en el ejemplo de nuestros héroes, hicimos honor a la palabra empeñada, cumpliendo nuestro deber.

La voz de Moscardó, serena y robusta, no titubea ni se altera. Cuando termina sus palabras, Franco le abraza conmovido.

Luego el general habla a su vez:

"¡Héroes del Alcázar! Vuestro ejemplo perdurará al través de las generaciones, porque habéis sabido sostener con vuestro denodado esfuerzo las glorias del Imperio, donde os hicisteis fuertes.

"La Patria os debe a todos eterno reconocimiento. La Historia es pequeña para la grandeza de vuestros hechos. Habéis ensalzado a la raza, encumbrado a España, dándole gloria inmarcesible. Yo os saludo y abrazo en nombre de la Patria y os traigo su gratitud y reconocimiento por vuestro heroísmo, y os anuncio que, en premio a vuestros sacrificios, os ha sido concedida la Laureada, personal para el coronel Moscardó, colectiva para todos los defensores. ¡Viva España!"

Estalló el vítor con extrañas resonancias. Aquellos hombres invulnerables a la emoción, probados en todas las adversidades, sintieron llenarse sus ojos de lágrimas de gozo y de consuelo, Y en respuesta, gritaron los vítores al general Franco.

En el cielo, tres aviones nacionales giraban sobre el Alcázar en vuelo de homenaje, envueltos en los oros de aquella mañana otoñal.

"Fué—dice el corresponsal del *Daily Express,* periodista bien curtido a las emociones—la escena más dramática que he presenciado en mi vida. Aquellos espectros humanos, medio muertos de hambre, oprimían entre sus manos unas armas ya inútiles. No les había quedado nada. Tenían que aprender a vivir de nuevo, y aún no se habían decidido a salir del escenario de su martirio. Entonces vieron a Franco. Muchos no le conocían, pero al oír: ¡El general Franco!, aquellas figuras volvieron a vivir como si por un resorte hubieran sido puestas súbitamente en movimiento. ¡El nombre de Franco significaba tanto para ellos! ¡Estaba tan unido a sus padecimientos! Era el nombre en espera del cual habían resistido.

"Y en tonos agudos gritaban para expresar sus diversos sentimientos. Daban vivas, lloraban, abrazaban a los soldados. Fué un espectáculo inolvidable. Parecía que algunos habían perdido el juicio."

Cuando Franco salió del Alcázar, para recorrer la ciudad, le despidieron los vivas clamorosos de los héroes que allí quedaban.

El Caudillo

Razones de todo linaje—decía el Decreto de la Junta de Defensa Nacional de 29 de septiembre de 1936—señalan la conveniencia de concentrar en un solo poder todos aquellos que han de conducir a la victoria final y al establecimiento, consolidación y desarrollo del nuevo Estado, con la asistencia fervorosa de la nación. Impónese ya un régimen orgánico y eficiente, que responda adecuadamente a la nueva realidad española y prepare con la máxima autoridad su porvenir.

Y en consecuencia, quedó nombrado Jefe del Estado español el excelentísimo señor general de División don Francisco Franco Baamonde, "quien asumirá todos los poderes del nuevo Estado".

Por el artículo 2.°, se le nombraba asimismo "Generalísimo de las fuerzas nacionales de tierra, mar y aire", y se le confería el cargo de general jefe de los Ejércitos de operaciones.

"El general Franco—comenta un ilustre escritor— ha sido nombrado Jefe de la Nación por la unánime voluntad de todos los españoles y en la forma electoral que vale más que todas: la tácita y fervorosa adhesión de las almas y de los corazones de España entera. Ha sido elegido, en una palabra, por don de simpatía. Por la virtud misteriosa de acertar que tienen siempre la fe, el instinto y el amor. El talento y la técnica son eficaces y excepcionales; pero cuando van acompañados de la simpatía, hacen el milagro de esa cosa que raramente se consigue en los pueblos: el Jefe, en toda su profunda significación de autoridad suprema y providencial. Y esto lo ha conseguido Franco sin recurrir a grandes gestos ni estudiadas teatralidades. Cuando más, sólo ha puesto su sonrisa. Una sonrisa espontánea y amable, en un rostro abierto y leal. No es nada, y, sin embargo, ese simple gesto de sonreír capta resueltamente, por intermedio de la simpatía, las almas y los corazones españoles. Es porque detrás de esa sonrisa adivinan las gentes el valor, la seguridad, la sangre fría y la nobleza.

"He ahí el caudillo y el salvador. En él han puesto su esperanza cuantos padecen el dolor de la patria herida; y además de la esperanza, la confianza. Hay en todos una seguridad íntima y firme en la táctica irresistible del general, y creen, saben, están ciertos, de que el Jefe les ha de restituir, irremisiblemente, la España nueva.

"Y este sentimiento de seguridad no surge de una batalla brillante, de un éxito afortunado y aparatoso: un general puede ganar una gran batalla, realizar con suerte una maniobra triunfal, y luego dejar la guerra indecisa. Pero no es eso. Lo que inspira la confianza de la gente es ver que tras ese rostro que sonríe con afabilidad gallega, hay un cerebro calculador, frío y metódico que nada fía a la casualidad, que nunca se abandona al arrebato, a la emoción del instante, que prefiere esperar, aunque el ánimo del público se impaciente, para actuar en la hora oportuna con mayor ventaja."

¿Cómo olvidar lo que era, en los últimos días de julio y primeros de agosto de 1936, la España que denominaban sublevada, aunque nunca estuviera más sometida al supremo mandato del bien nacional? Y al recordarlo, se pregunta uno cómo entonces no acabaron en días, mejor dicho, en horas, con el alzamiento. El Gobierno marxista era dueño de la imponente y formidable organización que posee un Estado moderno.

"¿Dónde van esos locos?—preguntaba Indalecio Prieto—. ¿No ven que tenemos lo necesario para vencerlos: el dinero, las zonas industriales, indispensables para la guerra, la Escuadra, las costas, la Aviación, el material bélico, los hombres?..."

Sí, tenían todo, menos la fe y el ideal, que eran nuestros. Y Franco, que conocía su fuerza, sabía también que con tales aliados llegaría al triunfo. Por eso, sin el menor desmayo, cuando todo parecía perdido, se entregó, con la seguridad de ganarlo todo, a una labor que había de hacer de aquella España débil e inerme del primer momento, una España potente y arrolladura.

* * *

El general Franco ha vivido apartado de la política, por gusto, por temperamento y porque su vocación le orientaba hacia otros caminos. Pero, no obstante, este alejamiento. y repugnancia por la política no consigue impedir que una gran masa de españoles," en los momentos críticos, piensen en él y lo elijan como al hombre que necesita España.

Cuando la nación sufre la asfixia demagógica, y triunfan los peores, y se pierden, uno a uno, hasta el último reducto de esperanza, en lo íntimo de cada corazón patriota quedaba escrito con fuego de rescoldo este nombre: Franco.

No se le veía cerca, tan inmediato como lo reclamaba el anhelo nacional. Tampoco se sabía con certeza que estuviera comprometido para este supremo intento de salvación. Mas no importa; sobre lo real o lo quimérico, la mano del destino escribía su nombre como una deducción lógica, con la exactitud de una solución matemática.

¿Qué pacto lo imponía? ¿Qué compromiso político o militar lo designaba para tal empeño? Ninguno. Pero tenía que ser así, por razón superior e inexorable de la Historia. Cuando España penetró decididamente por el camino anárquico y frentepopulista, secuestrada por Moscú, que la llevaba de la mano a la prostitución y a la infamia, y separatistas y comunistas, lanzados al abordaje, hacían almoneda del patrimonio espiritual y material de la raza, y hordas de bárbaros, furias del exterminio, minaban los últimos pilares nacionales para provocar el hundimiento con el sádico placer de ver a un país en escombros, entonces, cuantos conservaban la fe en los destinos de España y estaban convencidos de que no podía desaparecer, ni traicionar a su pasado y a su futuro, tenían también la certeza de que Franco acudiría puntual a la cita que le daba la Historia, para salvar a su Patria.

No hay explicación exacta para los presentimientos que se hilan en el misterio de los corazones.

Franco, durante el régimen republicano, se mantuvo ajeno a toda maniobra conspiratoria. Jamás se asoció a ninguna intriga política. Va siempre por el camino claro, del que no se desvía. Los suspicaces que le vigilan con el afán de sorprenderle en deslealtad, se declaran fracasados.

Mas lo que se avecina, el peligro que se cierne sobre España, no es sólo la revolución. Es el choque de dos ideologías, de dos corrientes espirituales que conmueven y se disputan Europa, mejor dicho, el mundo. Y aquí, en España, se va a ventilar el porvenir del viejo y del nuevo continente. Y esa revolución y esa guerra no pueden dejar indiferente a nadie que sienta devoción por su patria y que sepa todo lo que se arriesga en este empeño. La espada victoriosa de Franco estará, sin vacilar, al lado de la Verdad y de la Civilización.

* * *

No le mueve ambición menguada, de ningún género, al general Franco, cuando se lanza a la empresa. Ni afanes de mando, que no apetece, ni de vanidades humanas, que desprecia, ni de ventajas materiales, que no le interesan. En plena juventud ha alcanzado aquellas cimas que raramente coronan hombres prestigiosos como remate de una carrera militar gloriosa. Solicitado con insistencia por los partidos políticos para puestos de popularidad y de brillo, rechaza las sugestiones. Puede ser personaje en deslumbradora escenografía, y se niega. Generalísimo de los Ejércitos y Jefe de Estado, sólo acepta su sueldo de general de división con las gratificaciones que le corresponden por cruces ganadas en Marruecos: unas 2.000 pesetas al mes, menos de la mitad de lo que cobra don Manuel Azaña en un día por deshacer la nación.

No le mueve ninguna ambición personal al general Franco cuando acude al lugar que le han designado. Franco es un hombre que deja correr su vida, y prefiere verla divagar por llanadas infinitas con horizontes transparentes, serenos y clarísimos, mejor que complicarla por recovecos y simas y en paisajes oscuros y atormentados. Franco es un alma sana en un cuerpo sano, con salud privilegiada. Vive consagrado a los suyos. No fuma. Es abstemio. Nada extravagante, ni amigo de *poses,* ni cultivador del histrionismo en ninguno de sus géneros.

Su mejor solaz lo encuentra en el hogar, junto a los seres queridos, cerca de la mujer que ilumina el camino de su vida, y de su hijita Carmen, vivaracha e inteligente, con unos ojazos negros, dulces y bellos.

Aficionado a la lectura, siente curiosidad insaciable por todas las novedades científicas y por los temas candentes que apasionan al mundo.

"No es sólo un hombre equilibrado, sino un hombre sencillo—dice Georges Rotvand, que ha estudiado la figura de Franco con singular cariño—. La sencillez es su fuerza y de modo especial lo que le hace encantador... Es un intelectual del arte militar, nervioso como todos los intelectuales, pero con dominio de sus nervios... Lento en la preparación y rápido en la acción... Tiene una memoria prodigiosa. Sabe de coro cuántos tanques, cuántos cañones, cuántas ametralladoras hay en el frente y cuáles son sus posiciones exactas. Podría, si quisiera, como Bonaparte, recordar los nombres de todos sus "grognards"... Con una voluntad tenaz, se deja influir muy poco... El equilibrio de su carácter nace de un juego sutil de influencias... De su sangre gallega extrae sus capacidades de entusiasmo, de emoción y afectivas. De su educación militar, el señorío de esta emotividad, la disciplina interior. De sus orígenes burgueses, de sus lazos con una clase media ponderada y sensata, el lastre que ha menester este conjunto, para darle su aplomo. Esto le permite ser entusiasta sin ser impulsivo, ser autoritario sin ser rígido, ser religioso sin ser fanático... Arrastra por su entusiasmo, por el optimismo de su carácter, por la confianza que sabe comunicar a los soldados o a las muchedumbres..." Si se quiere buscarle parecido con algún tipo de la familia de los dictadores, no sirven los actuales para tal fin. "Hay que remontarse al tipo Napoleón—añade Rotvand—. La misma talla, la misma formación militar, dones muy grandes de estratega. Trabajador, organizador, reformador. La misma finura, aliada a una enorme energía."

Es suave y sensible, con esas ternuras que comunican a tantos gallegos aquellas campiñas verdes e idílicas, llenas de saudades, húmedas de un lloro que parece de amor y de ilusión.

Estas nobles cualidades que proyectan el corazón naturalmente hacia la generosidad y la bondad, no le prohíben ser el hombre enérgico, de temple indomable, en las horas críticas, cuando un rasgo de energía es más saludable para el bien público que un derroche de humanitarismo farisaico y estúpido,

A esta normalidad física corresponde en Franco una normalidad psicológica. Espiritualmente, es un clásico en pugna contra todo lo que signifique barbarie. Siente la jerarquía, la necesidad del orden y de la persistencia de principios fundamentales, sin los cuales la sociedad se disgrega corrompida y desaparece devorada por las larvas de la anarquía y de la miseria.

Cerebro frío y lógico, que ha dejado en sus obras el sello indeleble de su sentido del orden, nadie, sin engañarse, pretenderá que Franco sea un hombre de espíritu anquilosado, típicamente retrógrado, de los contumaces en sostener un estado de cosas que algunos denominan conservador, cuando no es más que una caciquería comprometida en mantener privilegios notoriamente injustos y provechos inmorales.

Franco no es un burgués de la escuela liberal, ni un ilusionista de los que creen que los problemas políticosociales pueden ser resueltos con la habilidad de un cubileteo, a la manera que lo hacían los profesionales de la política y los capataces de la revolución social.

El general Franco siente una honda preocupación por todas las cuestiones relacionadas con el trabajador, y ha repetido en cuantas oportunidades se le han presentado, que una de las características esenciales del movimiento es la de velar por el bienestar de los trabajadores.

Cree que, en lo por venir, las clases habrán de vivir sometidas al Estado, sin excepciones ni privilegios inicuos, contrarios a la justicia social que debe presidir el concierto de las actividades nacionales. Todas las clases sirven al interés de la Patria. Y la característica del nuevo Estado ha de ser una preocupación constante por el bienestar de las clases trabajadoras, reintegrándolas a la nación por el mejor concepto de su labor y de su vida.

"El trabajo tendrá—decía en su discurso del día primero de octubre, al tomar posesión de la Jefatura del Estado—una garantía absoluta, evitando su servidumbre al capitalismo, o que, organizado como clase avanzada, adopte los tintes combativos y amargos que, implicando una rebeldía ineficaz, le inhabilitan para colaboraciones conscientes. Se implantará la seguridad del jornal, y en tanto se dicte la fórmula que, junto al salario vital, por remunerador, haga partícipe al obrero en los provechos o utilidades, y beneficiario de los aumentos de producción, serán respetadas todas las conquistas que impliquen un mejoramiento adecuado a las necesidades de la economía española.

"Al lado de estos derechos que se reconocen al obrero, estarán sus deberes y obligaciones, especialmente en cuanto afecte al rendimiento de su trabajo y a su leal colaboración con los demás elementos creadores de riqueza.

"Todos los españoles—añadía—estarán obligados a trabajar según sus capacidades, ya que el nuevo Estado no puede admitir ciudadanos parásitos. En el aspecto agrario, la creación del patrimonio familiar será realizada por la adecuación del cultivador a la tierra, sin incorporaciones de siervos, ni por medio de ficticias manifestaciones que sólo sirven en el plano de la hipótesis, sino merced a la ayuda directa y constante, que, a la par que independiza al campesino, produce un bienestar general."

* * *

Franco es un hombre religioso, y en orden a la libertad de la Iglesia, sigue la senda de los grandes pensadores católicos y acata el magisterio espiritual, con el natural reconocimiento de la justa independencia política, como la proclamaba León XIII en su *Immortále Dei,* cuando decía: "Cada potestad—la religiosa y la política—es, en su esfera, soberana. Una y otra tienen sus límites perfectamente definidos y trazados en conformidad con su naturaleza y con su fin especial. Hay, pues, como una órbita circunscrita, dentro de la cual cada una ejercita su acción *jure profirió*."

El Estado nuevo, con una unidad moral a la que sirve el individuo, tiene allí donde se ha producido un fundamento espiritual o religioso. En España, un Estado nuevo tiene que ser profundamente católico.

En nuestra patria, la tradición católica va íntimamente ligada a la tradición nacional, sin que admitan separación. En España, la religión informa nuestra civilización y da tono a nuestra cultura. No es sólo convicción, es también una actitud. Desposeer al movimiento de su fervor religioso, equivaldría a traicionarlo en su esencia.

* * *

"España se organizará—son palabras de Franco—dentro de un amplio concepto totalitario, a través de aquellas instituciones naturales que aseguren su nacionalidad, unidad y continuidad. La implantación del más severo principio de autoridad que implica este movimiento, no tiene exclusivo carácter militar, sino que es la instauración de un régimen jerárquico, en cuyo armonioso funcionamiento han de desenvolverse todas las capacidades y energías de la Patria. La personalidad de las regiones será respetada en sus peculiaridades, respondiendo a la vieja tradición nacional en sus momentos de máximo esplendor, pero sin que ello suponga merma o menoscabo de la más absoluta unidad nacional. El Municipio español, de abolengo histórico, se revestirá de todo el vigor que precisa para el cumplimiento de su misión celular como entidad pública. Fracasado el sufragio inorgánico, que se malversó, primero, por acción de los caciques nacionales y locales, y más tarde, por la opresión tiránica del sindicato puesto al servicio de intereses políticos, la voluntad nacional se manifestará oportunamente a través de aquellos órganos técnicos y corporaciones que, enraizados en la entraña misma del país, representen de manera auténtica sus ideales y necesidades.

"Cuanto mayor sea la fuerza del nuevo Estado español y más normal su desenvolvimiento, más se avanzará en la descentralización de aquellas funciones que no le sean específicas, y las regiones, Municipios, asociaciones e individuos gozarán de más amplias libertades, dentro del supremo interés del Estado."

En estas ideas coincidirán, sin duda, todos los españoles sumados al movimiento. Si desde una altura serena se contempla a los grupos que participan en esta guerra de liberación y rescate de España, se descubren perfectas analogías en los propósitos que los guían. Todos los organismos y elementos políticos que estaban conformes con el movimiento y los que luego se han incorporado a él, constituyen una fuerza nacional, un frente social que, apoyado en el Ejército—columna vertebral del Estado—, lucha por salvar el patrimonio moral que es la nación. De esos organismos que integran el frente nacional, de sus idearios y programas, que ofrecen muchas coincidencias, han de irse entresacando los materiales con los cuales se confirmará la constitución del nuevo y anhelado Estado español. La solidaridad en el sacrificio y en el dolor perdurará en la victoria. La inteligencia de todos, con buena voluntad, no será problema. No puede serlo. No se homogenizaron los organismos antes del triunfo, sino que el triunfo se logrará por una coalición de los organismos, diversos en su procedencia, pero coincidentes en su fin. Conducirlos a ese fin es la tarea que se ha impuesto el caudillo.

* * *

"En el orden internacional—ha prometido Franco—, viviremos en armonía con todos los demás pueblos, constituyendo nuestras preferencias la comunidad de raza, lenguaje e ideario, pero sin que por eso se desdeñen o releguen, dentro de una leal correspondencia, aquellas relaciones tradicionales que ni son incompatibles ni pueden ser antitéticas con nuestro amplio horizonte, siempre abierto a todos los mundos. Exceptuamos de manera rotunda los contactos soviéticos, de tan perjudiciales efectos para la causa de la humanidad y de la civilización."

En el transcurso de esta guerra, España ha podido aquilatar el valor y la sinceridad de sus amistades internacionales. Ya no desconocerá en lo futuro quiénes la aman y quiénes la aborrecen hasta desear su postergación y aniquilamiento. No ha sido, en verdad, descubrir nada, sino confirmar una evidencia histórica. Nuestros adversarios y roedores de hoy, son los de siempre. Nuestros amigos, han sido también los de siempre. Aquellos a los que nunca les han sido indiferentes las vicisitudes de nuestra patria, y que, en el" trance actual, apreciaron, tan pronto como se produjo, la trascendencia de la lucha entablada en el hispano suelo y todo lo que se ventilaba en esta contienda, que era de la civilización contra la barbarie. Que de un lado estaban los que defendían la independencia de España y el honor y el prestigio de una tradición y de una cultura, y de otro los que pretendían esclavizarla a la tiranía roja de Moscú. Conscientes de que desempeñaban una superior misión histórica, Italia y Alemania se solidarizaron con la España de Franco desde el primer momento, para defender con decisión nuestro derecho, que era el de la razón y el de la justicia.

* * *

Hay otra nación a la que esta guerra ha servido para que desaparezcan en absoluto los posibles recelos que pudieran sentir los elementos nacionalistas. Nos referimos a Portugal. La nación hermana se ha convencido de que su solidaridad con España se impone como una necesidad histórica y geográfica, porque nuestros destinos están ligados y esta guerra nos ha convertido, de amigos, en hermanos, entre los cuales no cabe el menor recelo. El año de 1936 señala una fecha memorable en la historia sentimental de relaciones entre los dos pueblos.

En cuanto a los países hispanoamericanos—exceptuado aquel más descompuesto en su organización social por la corrupción revolucionaria—, todos los demás ¡con qué ansiedad nos contemplan y qué grandes ilusiones y esperanzas les abre la perspectiva de nuestra victoria! Y es que han visto la enorme reserva de la raza, la misma que ellos sienten palpitar en sus entrañas. Las reservas morales que en la hora suprema nos dan aliento para desafiar a la adversidad con la máxima entereza y con el más alto heroísmo. España, baluarte del Occidente cristiano, cierra de nuevo el paso a la invasión bárbara que llega como un alud para arrasar los principios esenciales de orden, de civilización y de paz. Una vez más, hemos conquistado el derecho de aparecer en el mundo como directores espirituales de la cultura y de la tradición hispánicas. Esa es nuestra gran fuerza.

* * *

Por encima de todo, Franco es un español que lleva a su patria en su corazón y en su pensamiento, como un tesoro sagrado e inviolable.

Y en su defensa lo arriesgará todo. Para protegerla contra cualquier clase de enemigos. Contra los que la combaten desde el parapeto y contra los que la socavan desde la logia o desde la cabina de una Bolsa. Contra los que la difaman o la escarnecen con una conducta indigna.

Amor a España que lo lleva Franco esculpido en su alma, inoculado en sus venas, grabado en su mente. Tan profundo, tan indeleble, que llega a ser como la razón de su existencia. La consagra sus afanes y sus desvelos, y es el arca de sus ilusiones. Sueña con verla grande, próspera, fuerte, admirada y temida. En pleno desarrollo sus incalculables riquezas. Vestida de una primavera radiante y perenne, como lo merece por lo que ha sido y por lo que está llamada a ser en los anales del mundo.

¿No es por esto la inquina de sus enemigos, concitados contra ella ayer y hoy, con el propósito secreto de debilitarla, de que sea siempre la nación convaleciente, necesitada y vencida?

Franco, caudillo de la fe y del honor en esta etapa solemne de la Historia, que acepta la más gloriosa y la más abrumadora de las responsabilidades.

Recluido en su despacho para estudiar las fórmulas del triunfo; entregado al examen de las cuestiones internacionales que se enredan entre las zarzas de la guerra; general entre los generales, que va sacando un Ejército poderoso de donde no había nada; viajero de los frentes, que cruza las trincheras entre celliscas y granizo, para dialogar con las vanguardias de España...

Franco, cruzado de Occidente, elegido Príncipe de los Ejércitos en esta hora tremenda, para que España cumpla los designios de la raza latina. Y sea España la que aplaste al Anticristo de Moscú, y la que haga prevalecer la Cruz sobre la hoz y el martillo...

La sonrisa de Franco

El Generalísimo y Jefe del Estado español se ha instalado en el palacio episcopal de Salamanca. Su despacho tiene algo de cámara oscura de radiólogo, donde Franco somete a España—a la libre y a la cautiva—a un examen de rayos X. El general contempla el organismo nacional con sus roturas, cavernas, fibras relajadas y músculos sanos y en tensión. España sin veladuras ni secretos.

Desde aquella cumbre altísima se ve con más claro detalle el panorama nacional, y se siente también con más fuerza la opresión de la responsabilidad.

Hoy como ayer, el general Franco sabe sostener el timón cara a la noche y a la tormenta, para llevar la nave a puerto seguro.

Buen timonel de la dulce sonrisa, siempre a flor de labios.

Una sonrisa gentil y natural, que es resplandor de un alma sana. La sonrisa con que Franco ha sabido acoger desde su juventud todas las esfinges que la vida puso en su camino. La sonrisa de las primeras mañanas de Melilla, que no apagó la catástrofe de Annual; la sonrisa con que salió de Xauen, con que desembarcó en Alhucemas, con la que aterrizó en Tetuán, con la que entró en Toledo, con la que recibió la noticia de su elevación a la Jefatura del Estado.

Sonrisa que es saludo a la vida, desprecio a la adversidad, aroma de optimismo, rúbrica de victoria...

Que conoce toda España, la liberada y la roja. Que ha trascendido al mundo, y es universal como la mirada acerada y fiera de Mussolini o el ceño de Hitler.

Sonrisa de Franco que ilumina en su nuevo camino a la España renaciente, mártir y gloriosa...

OTROS LIBROS PUBLICADO POR OMNIA VERITAS

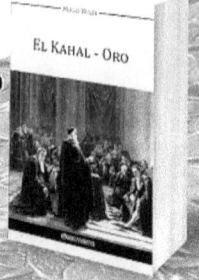

Omnia Veritas Ltd presenta:

El Kahal - Oro
de Hugo Wast

Nuestros judíos no creen, seguramente, en el Mesías, pero sí en la misión mesiánica de Israel...

Porque dos naciones no pueden coexistir en la misma nación...

Omnia Veritas Ltd presenta:

Juana Tabor 666
de Hugo Wast

El culto de Satanás había tenido desde el siglo XIX apasionados adeptos...

y para hacerla más accesible, hizo de ella una contrafigura de la Ley de Dios.

Omnia Veritas Ltd presenta:

Mi Lucha
Mein Kampf

En aquella época debí también abrir los ojos frente a dos peligros el MARXISMO y el JUDAÍSMO...

Un documento histórico de gran interés

www.omnia-veritas.com

www.ingramcontent.com/pod-product-compliance
Lightning Source LLC
Chambersburg PA
CBHW050132170426
43197CB00011B/1806